水引壁掛　梅（津田梅作、一九九〇年、金沢市立安江金箔工芸館所蔵）

ひがし茶屋街(撮影：宮永 鎮)

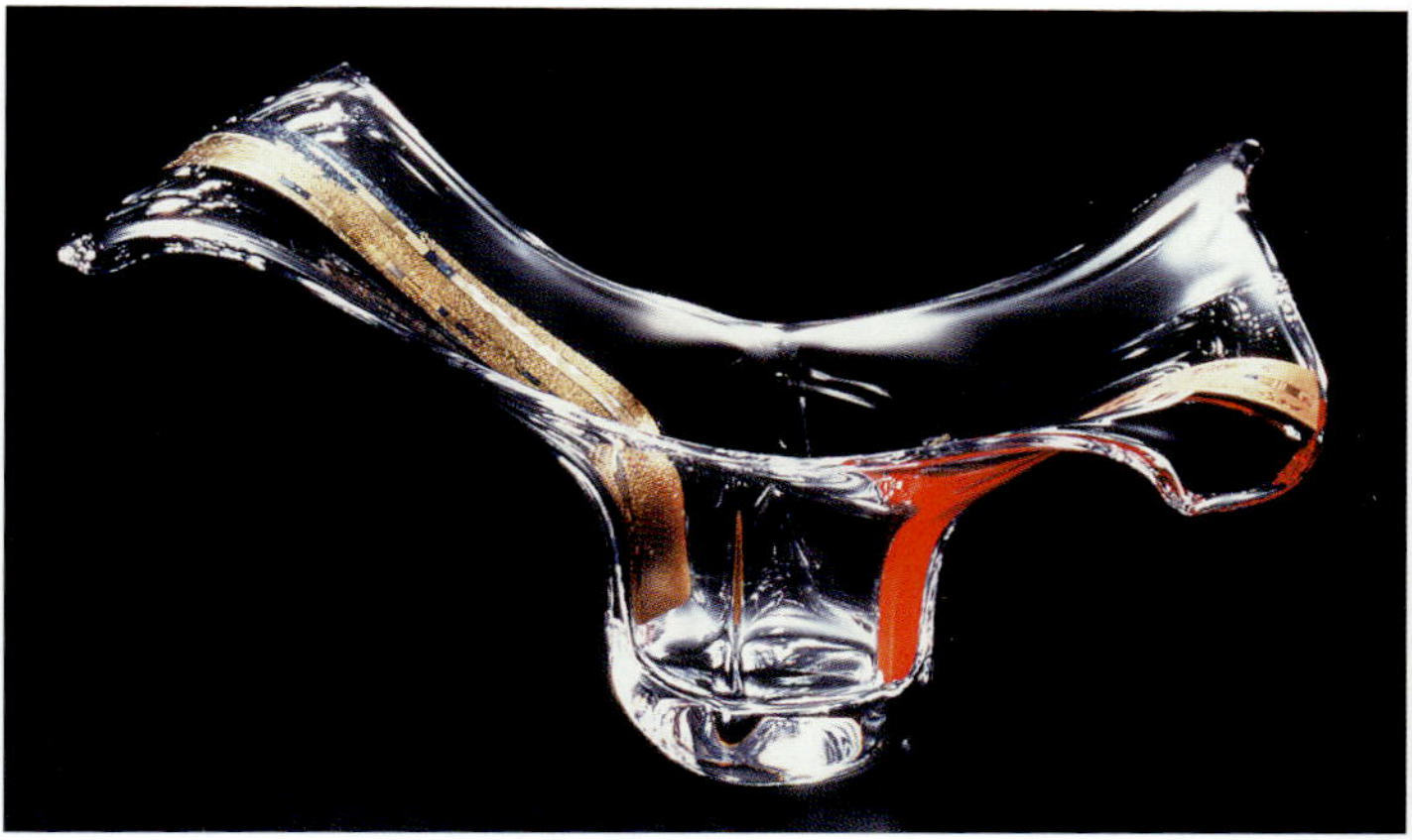

光彩花器(大場松魚作，1989 年，金沢卯辰山工芸工房所蔵)

能装束　庵に草花文様唐織(1856 年，金沢市立安江金箔工芸館所蔵)

兼六園 雪吊り（撮影：宮永 鎮）

金沢を歩く

山出 保
Tamotsu Yamade

Eurus
Notus
Boreas
Zephyrus

岩波新書
1493

はじめに

戦後の日本の都市は、あまりにも均質化し、画一化してしまいました。それだけに「顔の見えるまちづくり」は、すべてのまちの基本の課題です。

ところで、金沢というまちの「顔」は何でしょうか。私は、ためらうことなく、「歴史と文化です」と答えます。

藩祖、前田利家が、金沢で城や城下を整えはじめてから四三〇年余りが経ちました。このうち、藩政は約二八〇年、どの藩主も戦いを避け、学術と文化に力を注ぎました。また、明治維新以後一五〇年、あの第二次世界大戦下でも金沢に爆弾は落ちませんでした。

だから、金沢のまちは毀《こわ》れることなく今日に至り、幸いにも伝統を受け継ぐ環境と文化が残ったのです。これを守らずして、金沢の金沢たるゆえんはありません。

金沢は「ヒューマンスケールのまち」です。旧城下のまちなかは、どこも歩く範囲内の身近に水と緑が豊かです。三つの台地と二つの川、まちなかの用水が手の届くところにある、「水と緑の癒《いや》しのまち」です。

金沢は、もともとサムライのまちでした。武家社会は格式社会です。加えて、藩政期以来、芸能や美術工芸が盛んな一方、学術を大切にしてきました。このようなことを背景にして、金沢は「ブランドイメージを追い求める、こだわりのまち」でもあります。

金沢では、お客さまを迎えるとき、玄関に打ち水をします。また、雪道では、すれ違うときに互いに道を譲りあいます。「もてなしの心と思いやりのまち」といえましょう。


そんな金沢に、二〇一五年春、ようやく北陸新幹線がやってくることになりました。これを機に、まちをいっそう元気にしたいと考えています。伝統と現代が同居する金沢、歴史と文化が映える金沢を「小さな世界都市」として、全国に、いや世界に発信したい。そして、一人でも多くの方々に来てほしい。そのときの参考になればとの思いからまとめたのが、この本です。

中学生、高校生、大学生のみなさん、自治体にかかわる方々、まちづくりに関心のあるみなさんに、ぜひご一読いただければ、と思っています。また、海外のみなさんには、日本のなかの、日本らしい金沢を見て、知っていただくことができれば、こんなに嬉しいことはありません。

目次

長町武家屋敷跡では，冬の雪と寒さから土塀を守る「こも」を掛ける（撮影：宮永鎮）

目　次

【本文中の写真提供・撮影】
鈴木大拙館(三三ページ)、第一善隣館(一七三ページ)、宮永鎮(一七七ページ)、藤森祐治(一二一、一三一、一四八ページ)、金沢市(一三、三五、四六、一一七、一四〇、一四五、一五七ページ)、石野圭祐(一、六、九、一八、一九、二一、二四、三〇、四一、五三、五四、五六、五八、七三、七九、八二、一〇七、一〇八、一一七、一五九、一八二、一九一ページ)

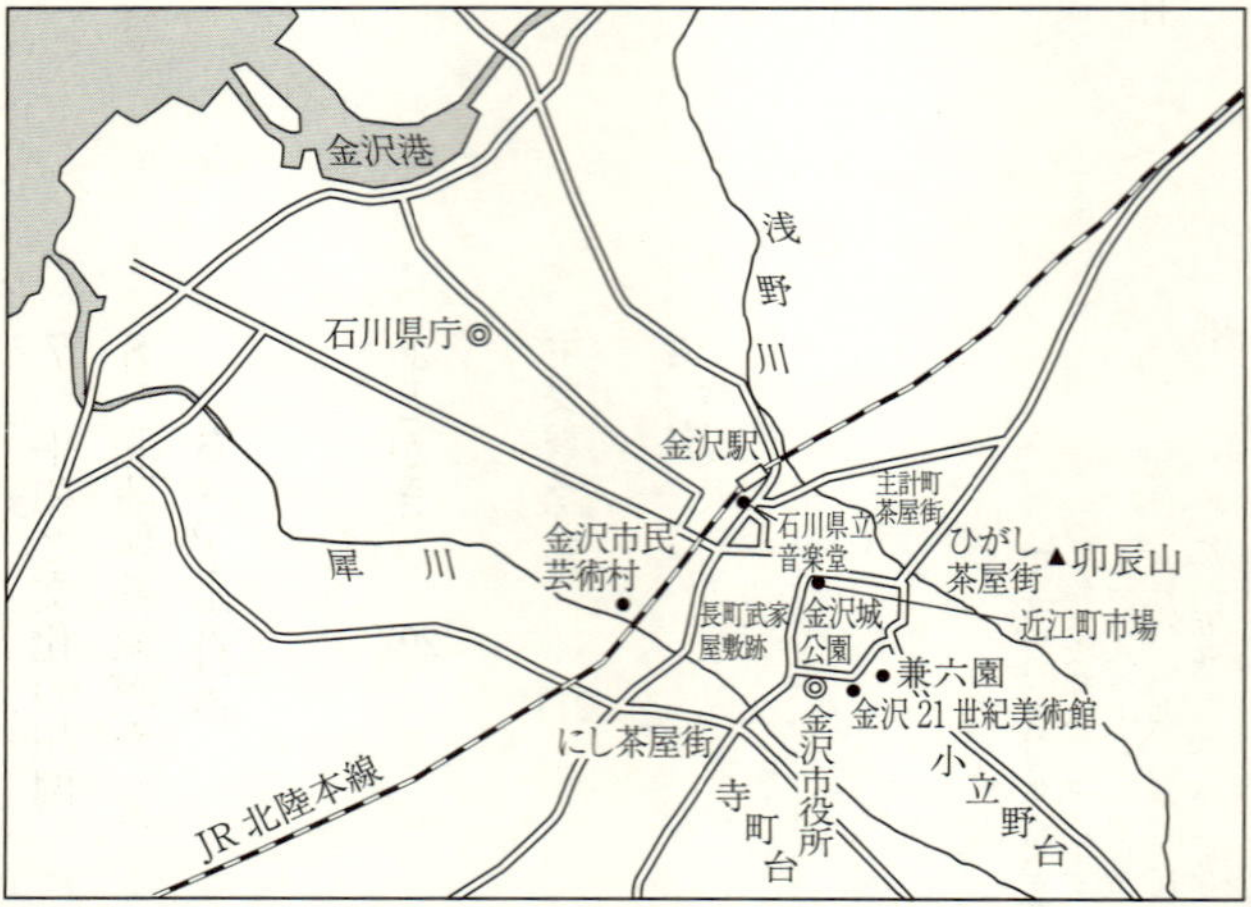
金沢港
浅野川
石川県庁
金沢駅
主計町茶屋街
石川県立音楽堂
金沢市民芸術村
ひがし茶屋街
卯辰山
犀川
長町武家屋敷跡
金沢城公園
近江町市場
兼六園
金沢21世紀美術館
にし茶屋街
金沢市役所
小立野台
寺町台
JR北陸本線

地図1

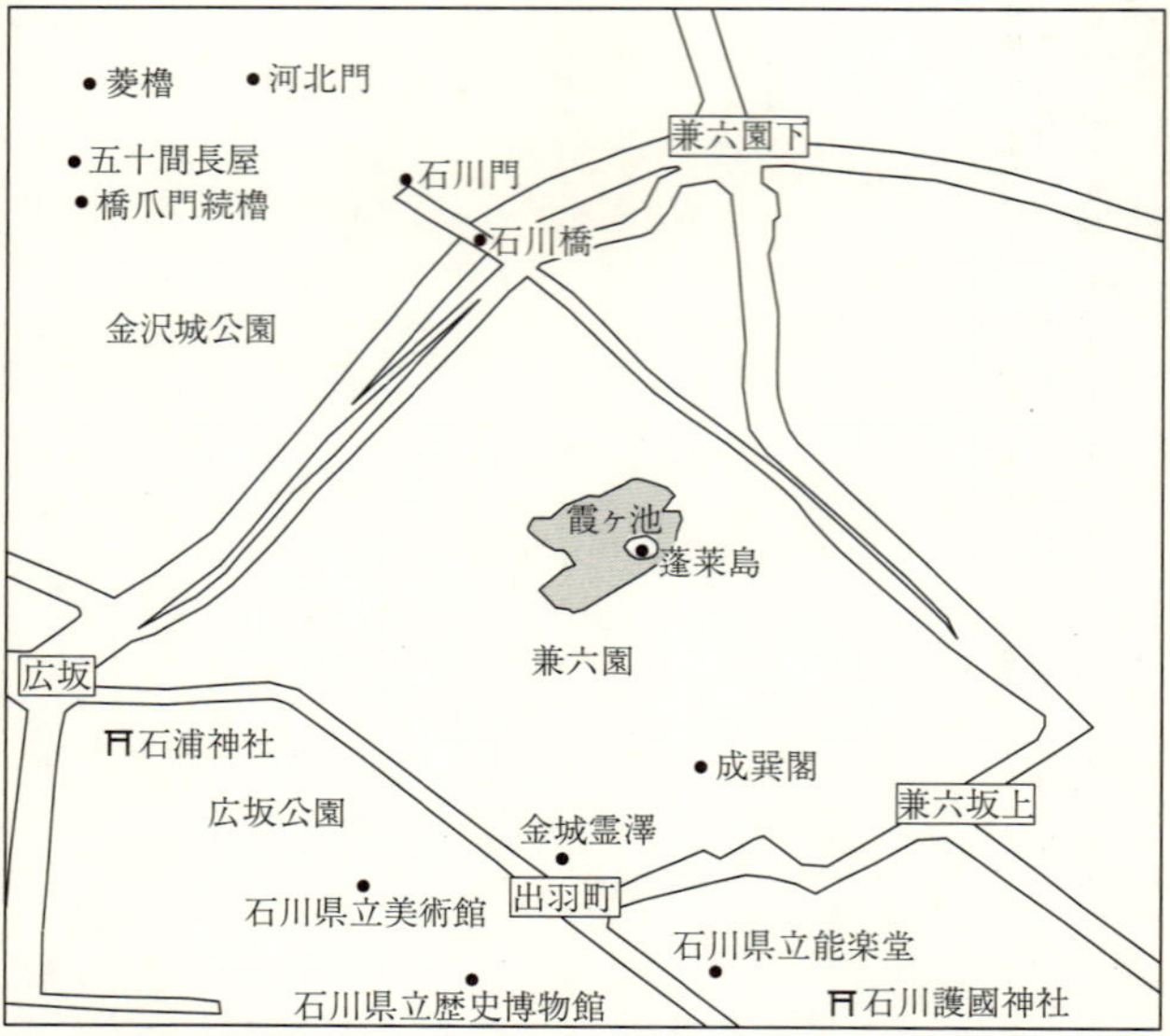
菱櫓
河北門
五十間長屋
橋爪門続櫓
石川門
兼六園下
石川橋
金沢城公園
霞ヶ池
蓬莱島
兼六園
広坂
石浦神社
成巽閣
広坂公園
金城霊澤
兼六坂上
石川県立美術館
出羽町
石川県立能楽堂
石川県立歴史博物館
石川護國神社

地図2

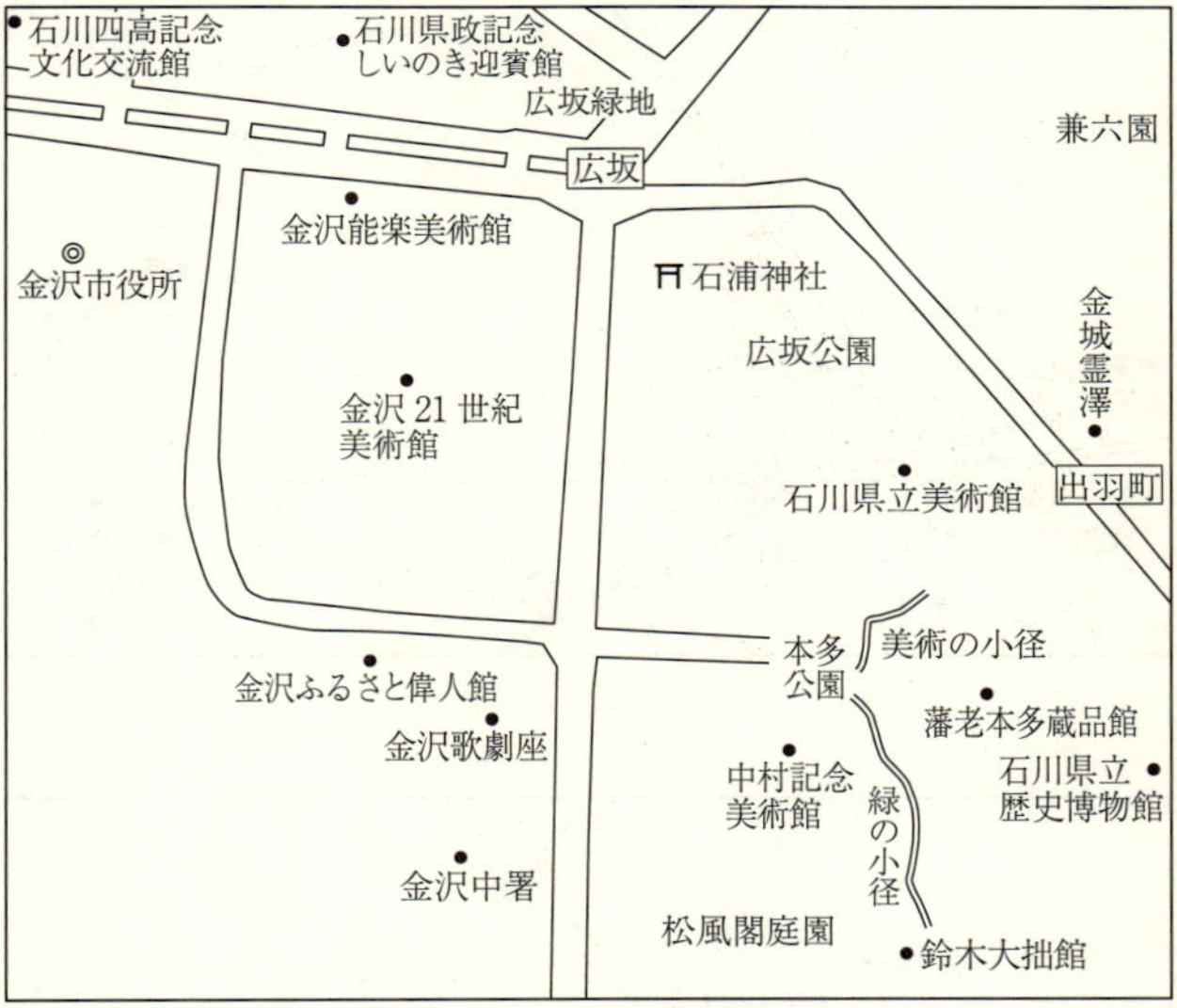
石川四高記念
文化交流館
石川県政記念
しいのき迎賓館
広坂緑地
兼六園
広坂
金沢能楽美術館
金沢市役所
石浦神社
広坂公園
金城霊澤
金沢21世紀
美術館
石川県立美術館
出羽町
本多
公園
美術の小径
金沢ふるさと偉人館
藩老本多蔵品館
金沢歌劇座
中村記念
美術館
石川県立
歴史博物館
緑の小径
金沢中署
松風閣庭園
鈴木大拙館

地図 3

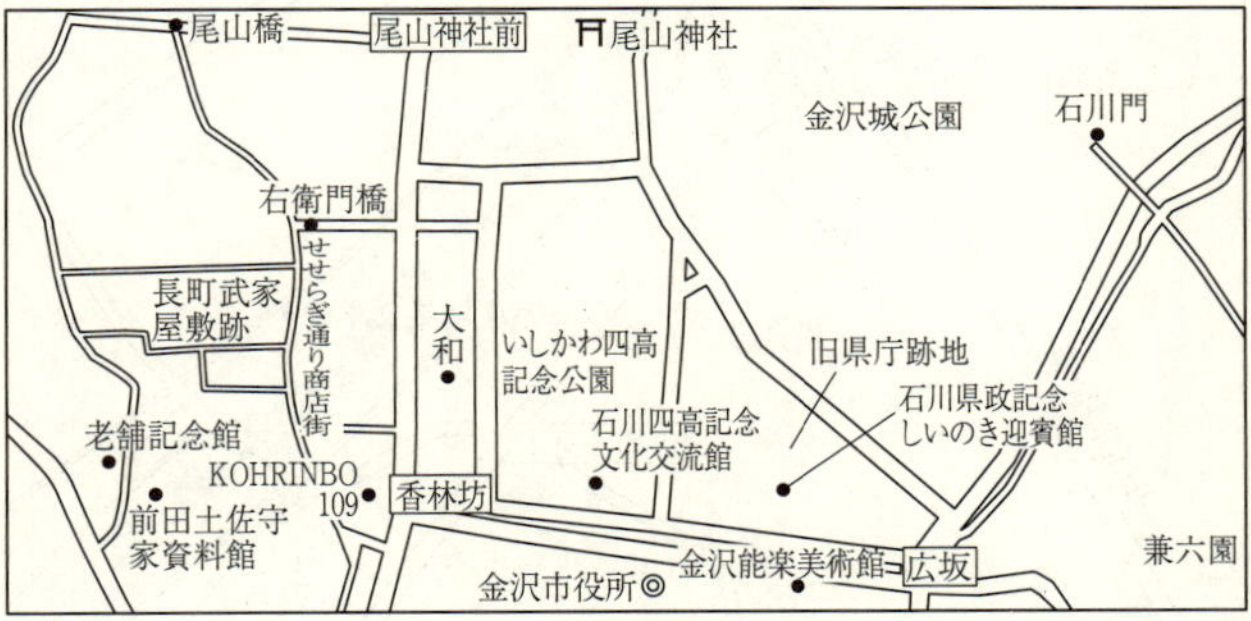
尾山橋
尾山神社前
尾山神社
金沢城公園
石川門
右衛門橋
長町武家
屋敷跡
せせらぎ通り商店街
大和
いしかわ四高
記念公園
旧県庁跡地
石川県政記念
しいのき迎賓館
石川四高記念
文化交流館
老舗記念館
KOHRINBO
109
香林坊
前田土佐守
家資料館
金沢能楽美術館
広坂
兼六園
金沢市役所

地図 4

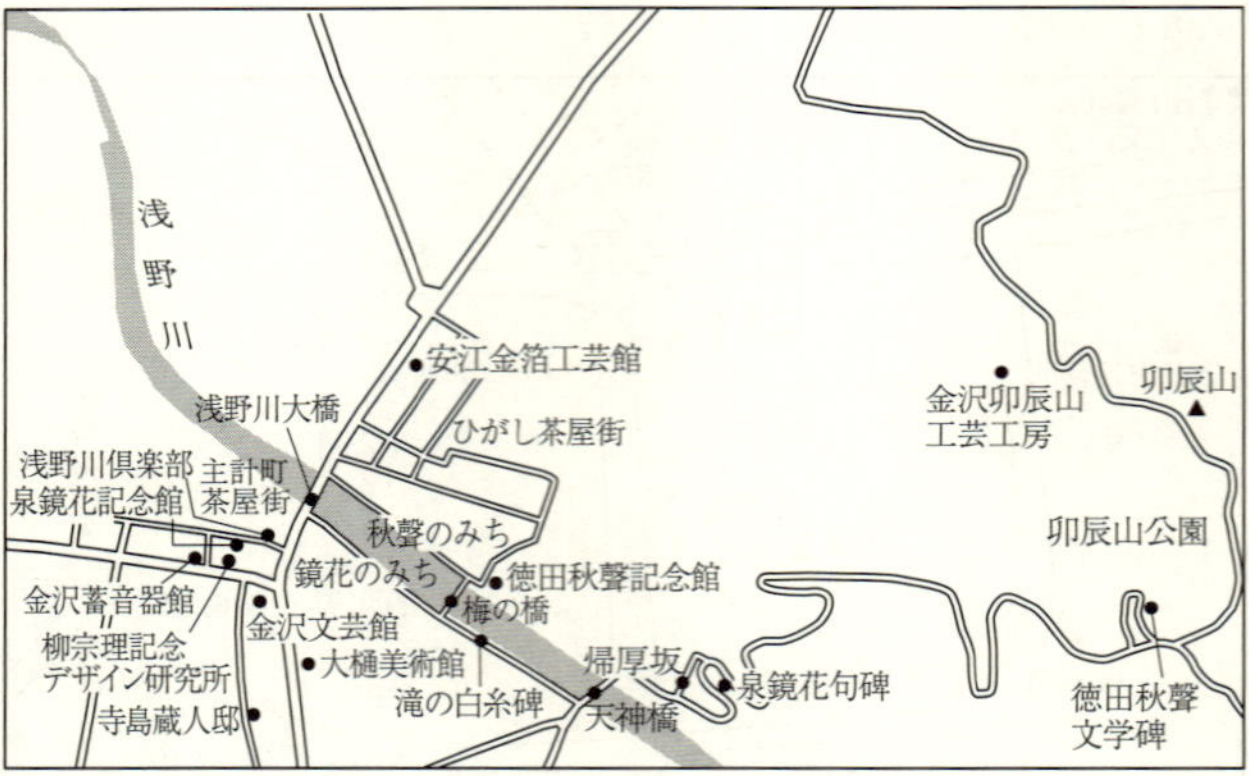
浅野川
安江金箔工芸館
浅野川大橋
ひがし茶屋街
浅野川倶楽部
泉鏡花記念館
主計町
茶屋街
秋聲のみち
鏡花のみち
徳田秋聲記念館
金沢蓄音器館
梅の橋
金沢文芸館
柳宗理記念
デザイン研究所
大樋美術館
帰厚坂
泉鏡花句碑
滝の白糸碑
天神橋
寺島蔵人邸
金沢卯辰山
工芸工房
卯辰山
卯辰山公園
徳田秋聲
文学碑

地図 5

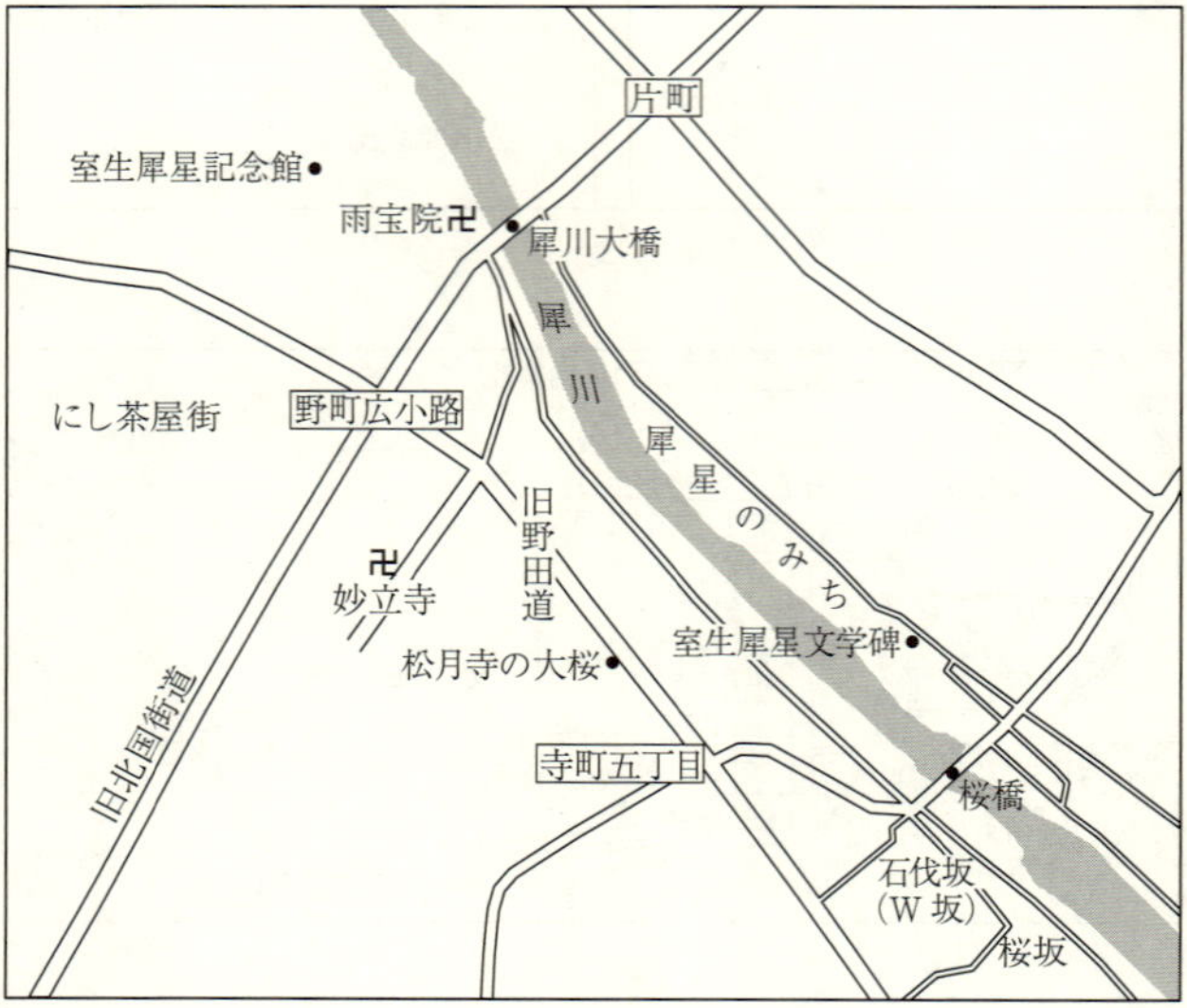
片町
室生犀星記念館
雨宝院
犀川大橋
犀川
にし茶屋街
野町広小路
犀星のみち
旧野田道
妙立寺
松月寺の大桜
室生犀星文学碑
旧北国街道
寺町五丁目
桜橋
石伐坂
（W 坂）
桜坂

地図 6

第1章

金沢のまちを歩く

金沢城の石川門と，その前を走る「ふらっとバス」

1　金沢のまちなみ

歩いて、見て、ふれて学ぶまち

「金沢は、世界の人々が訪ねて来て、いつも音楽会、展覧会が開かれている、そんなまちでありたい」——これが私の願っていることです。そのために必要なことは何でしょうか。

第一は、誰もが気軽に歩けるまちであること。歩けば、金沢を見ながら学べて楽しい。第二は、まちが美しいこと。心が和《なご》みます。第三は、思索にふさわしい雰囲気があることです。

日本海側の日本の真ん中にあるのが石川県。そのほぼ中央に位置する県都・金沢市の面積は、四六八・二二平方キロメートル。海と山と緑に包まれた、人口約四六万の都市です。面積では宇和島市（愛媛県）、人口では市川市（千葉県）とほぼ同じです。

このうち、一八八九（明治二二）年の市制施行当時の市域、いわば旧市域の面積は一〇・四〇平方キロメートル、金沢城趾《じょうし》から三〇分もあれば、そのどこへでも歩いて行けます。まちなかを通る国道一五七号線の幅員《ふくいん》は約二二メートル、向こう側を歩く人に声をかければ返事が返ってくるほどです。

いつかは朽ちる建物と違って、道はよほどのことがない限り残ります。道は歴史の生き字引、何でも知っている歴史の記憶装置なのです。歩けば、そこに歴史、自然、文化が詰まっています。金沢は、まち全体が博物館です。金沢は、歩いて、見て、ふれて学ぶまちなのです。

四季が彩りを添えるまち

金沢は、冬に雪が降り、寒いこともあって、四季のうつろいを、よけいに鮮明《せんめい》に感じるまちです。

兼六園では冬の雪吊《ゆきづ》り。金沢の雪は水分を多く含み、重いのが特徴です。雪の重みで枝が折れないように、木の幹に沿って大きな柱を立て、その最上部から縄を垂れ、一本一本の枝を吊るします。こうして、数多くの縄によって円錐形《えんすいけい》の造形美がつくられます。

また、犀川《さいがわ》、浅野川では、雪の舞うなかの友禅流《ゆうぜんなが》しが風物詩。友禅流しとは、川の流れに生地をさらし、地染《じぞ》めのときに模様の部分を覆《おお》っていた糊《のり》や余分な染料を洗い流す水洗いの工程のことです。この仕事があって、美しい加賀友禅の柄が浮かびあがります。雪吊りと友禅流しは、金沢のまさに文化的景観の一つです。

春には桜。鉛色の雪雲が低く垂れる冬のあとだけに、その美しさは格別です。初夏になると園内の曲水《きょくすい》に杜若《かきつばた》が咲き、新緑のみずみずしさが目に染みます。茶屋街にもツバメが飛来し、巣をつくります。また、市街地を流れる犀川や浅野川では、アユを釣る人が釣り糸を垂れる姿も身近に見られます。

そして、秋には紅葉。暮れ近くに雷鳴がとどろき、霰《あられ》が地面を激しく叩くと、やがて白い冬、雪の季節を迎えます。

このようにまちが四季折々に美しく、その四季が住む人の暮らしやまちに彩《いろど》りを添え、旋律を奏《かな》でるのです。

坂と川と用水のまち

金沢は襞《ひだ》のあるまち、凹凸《おうとつ》のある地形のまちです。台地が三つ、まちなかにせりだしています。お城のあった小立野台《こだつのだい》を真ん中に、卯辰山《うたつやま》と寺町台がありますﾠ(目次の裏地図1参照)。これら台地の法面《のりめん》には緑が豊かです。

起伏の多いまちで、坂が二五本もあります。そのため、坂道、石段、踊り場を改修し、景観を整備してきました。歩くほど視界が広がり、その眺望から金沢の魅力を再発見できるでしょう。

また、坂の名前が歴史と文化を語ってくれます。慶応年間(一八六五〜一八六八年)に卯辰山が開拓されたころ、作業に出た町民が子どもたちのように賑やかに上ったことから名がついた子來坂《こぎざか》(現在の「こらい坂」)。加賀藩重臣の篠原出羽守《しのはらでわのかみ》が娘を嫁がせるときにつけた嫁坂、勾配《こうばい》がきつく作業に向かう農民が馬から降りて上った馬坂もあります。観音院の門前の坂の観音坂《かんのんざか》、坂下に曹洞宗《そうとうしゅう》の古寺の大乗寺があった大乗寺坂《だいじょうじざか》もあります。

ほかにも天神坂《てんじんざか》、不老坂、桜坂など、それぞれ由緒ある名前の坂があります。こうした坂を上り下りして、歴史を感じ、文化を知ることも金沢の楽しみ方の一つでしょう。

さらに、三つの台地の間を二本の川が流れています。「女川《おんながわ》」といわれる浅野川と「男川《おとこがわ》」といわれる犀川です。この二つの川から引いた水が五五本の用水となって、まちなかを巡っているのです。総延長は一五〇キロメートル、流れは豊かで水は澄んでいます。その代表が、大野庄用水《おおのしょうようすい》、鞍月《くらつき》用水《ようすい》、辰巳用水《たつみようすい》です。

大野庄用水は、御荷《おに》川とも鬼川とも呼ばれていました。金沢城を築くための建築材などを日本海から運ぶための用水として、いまから約四〇〇年前の慶長年間（一五九六～一六一五年）につくられました。

鞍月用水は、正保年間（一六四四～一六四八年）に、金沢城防衛のための惣構堀《そうかまえぼり》をめぐらす目的のほか、城の防火用水として、また、菜種油を搾《しぼ》り、粉をひく水車の動力としてつくられ、農業用水としても利用されました。この鞍月用水は、まちなかで大野庄用水と合流しています。

辰巳用水の内部

辰巳用水は、金沢城が大火によって焼失したことが造営の契機となりました。一六三二（寛永九）年に三代藩主前田利常《としつね》がつくったもので、金沢市内を流れる犀川の上流約一一キロメートルの地点から取水し、約四キロメートルの隧道《ずいどう》（水路トンネル）を経て、小立野台地を流れ、兼六園を巡り、金沢城に水を取り入れました。

城を取り囲む百間堀を越えるために、石川門の前にあった土橋のなかに木樋《もくひ》を埋めて水を流す逆サイフォンの原理を、日本で初めて用いて城内へ水を引き上げていたことで有名です。その水は、現在も兼六園内を流れています。国内で史跡指定を受けている用水は、日本の四大用水のうち、江戸の玉川上水（一六五三（承応二）年完成）と辰巳用水だけです。辰巳用水の排水先は浅野川となっていて、犀川と浅野川をつなぐ架け橋でもあるのです。

まちなかの川と用水のほとりを歩いてみてください。浅野川の川縁《かわべり》から、泉鏡花《いずみきょうか》、徳田秋聲《とくだしゅうせい》の文学が生まれ、犀川からは室生犀星《むろうさいせい》の詩が生まれたのです。

さらに、この川のほとりからは数多くの文化勲章の受章者を輩出しています。浅野川界隈からは陶芸の大樋長左衛門《おおひちょうざえもん》が、犀川界隈からは天文学の木村榮《きむらひさし》、仏教哲学の鈴木大拙《すずきだいせつ》、漆芸の松田権六《まつだごんろく》、建築の谷口吉郎《たにぐちよしろう》、金属造型の蓮田修吾郎《はすだしゅうごろう》で、芸術の感性と科学の理性に、水の流れが無縁でないことの証《あかし》かもしれません。

2　金沢駅周辺から武蔵ヶ辻、近江町市場へ

金沢の玄関――脱画一化をめざした金沢駅

金沢の玄関、JR金沢駅の東口を出ると、広場中央の大屋根が目にはいります。高さ約三〇メートル、奥行き約七〇メートルの巨大な屋根にした理由は、金沢が雨や雪の多い土地であるため、客人にそっと傘を差し出す「もてなしの心」をイメージしたものです。アルミ合金とガラスを使ったドームとして整備されました。立体トラス構造といい、部材を三角形に組みあわせることで、高い強度を得ています。使用したアルミ合金は、軽量でありながら強く、腐食しにくく、大屋根の構造材料に、きわめて適した材料です。そして、ケーブルを用いた補剛《ほごう》システムが併用されています。

北陸の建築の伝統と先進性を気負いなく導入し、日本最先端の技術を使って「もてなし空間」の創出が図られました。愛称は、市民から募集し、四七一三通から選ばれた「もてなしドーム」に決まりました。

あわせて、ここに邦楽の鼓《つづみ》の形をイメージしたデザインの木組み構造の「鼓門《つづみもん》」が設置されました。そして、このシティゲートの二本柱の内側には、ドームの雨水配管と地下広場の排気塔機能が配備されています。このような合理性や機能性に加え、ドームの「現代」と鼓門の「伝統」の調和を広場空間に演出する試みがおこなわれたのです。

金沢駅の「もてなしドーム」

しかし、できたばかりのころは、市民の間に「異様だ」、「目立ち過ぎだ」という批判もありました。

ところが二〇一一年、アメリカの旅行雑誌『トラベル・レジャー』で総合的かつ世界的視点から評価され、イギリスのセント・パンクラス駅、ベルギーのアントワープ駅、フランスのストラスブール駅などとともに、日本の鉄道駅として初めて「世界で最も美しい駅」一四駅の一つに選定されました。批判的な声も、しだいに収まっていきました。

ドームもゲートも構造物であって、建造物ではありません。この点も、他の外国の駅舎とは異なっています。このような駅広場にしたのには、理由がありました。戦後の日本の都市状況は、まるで金太郎飴のように画一化し、とりわけ、まちを没個性的にしている象徴が、駅の風景にあったからです。

駅を新たな賑わいの中心に

駅は、さまざまな交通機関の結節点です。また、行き交う人々のドラマの舞台でもあります。そのため、合理性、機能性が必要ですが、同時に人間性も求められます。加えて、何よりも「まちの顔」としての個性がほしいところです。大事なことは、そこに至るまでの条件を整えること。つまり、駅周辺一帯の環境整備でした。これには、多くの市民の努力と苦労の積み重ねがありました。

金沢駅から金沢港に向けて、駅西地域の新都心づくりをめざし、金沢市による土地区画整理事業が進められてきました。施行面積は、二二三七・三ヘクタールで、着手から完成までに約三〇年の歳月を要しました。

この事業にあわせて、駅とその付近の整備がおこなわれたのです。金沢駅にあった貨物ヤードを隣接地に移すことで、金沢駅の客貨分離ができました。一九七一(昭和四六)年のことでした。そして北陸本線の高架化がおこなわれ、駅を賑わいの中心にするための駅西地域と既成市街地の一体化が実現しました。

オーケストラ・アンサンブル金沢の拠点――石川県立音楽堂

金沢駅東口を出ると、すぐ右手に「石川県立音楽堂」があります。

金沢市では、伝統文化の継承、振興を図ることはもちろんのこと、新たな文化創造も必要であると考えてきました。その試みの一つが、一九八八(昭和六三)年、石川県と金沢市が協調し、「オーケストラ・アンサンブル金沢」の設立を決めたことです。三六名の小編成で、音楽ホールを持たないままのスタートでした。

世界的に著名な指揮者の岩城《いわき》宏之《ひろゆき》氏が初代の音楽監督となり、すばらしいオーケストラに育てあげてくれました。現在は、海外でも活躍中の井上道義《いのうえみちよし》氏が二代目の音楽監督に就任しています。

二〇〇一年、金沢駅東口に音楽堂が完成し、本拠地となっています。多様な公演ができる邦楽ホールを併設し、和と洋の対置と融合を見ることができます。

アンサンブル金沢は、岩城・井上両氏の尽力で、国内だけでなく世界に活躍の舞台が広がりました。そして、この実績が、フランスの港町ナント市に誕生したクラシック音楽祭「ラ・フォル・ジュルネ(熱狂の日)」が、東京に次いで「ラ・フォル・ジュルネ金沢」として金沢で開催される背景ともなりました。この音楽祭の実行委員会会長には、音楽に造詣が深く、石川県人会名誉会長でもある加賀藩一八代当主の前田利祐《としやす》氏が就任しています。

また、アンサンブル金沢の新たな活動に、舞台をオペラ仕様に改修した金沢歌劇座でのオペラ公演があります。子どものときからオペラに興味と関心を持ってもらおうと、金沢市がジュニアオペラスクールを開設したのも、オペラの普及を考えてのことです。

年中無休の市民芸術村

金沢駅から線路に沿って南西へ約一キロメートル、歩いて一五分のところに「金沢市民芸術村」があります。旧大和《だいわ》紡績《ぼうせき》金沢工場の跡地を金沢市がそっくり購入し、見事な木組みを

金沢市民芸術村

残す倉庫棟の再生利用を図りました。一九九六(平成八)年のことで、この施設を「金沢市民芸術村」と名づけました。

「いつでも、誰でも、自由に」を合い言葉に、創り、感じ、学び、響きあう創造空間です。ここは、三六五日、二四時間、演劇、音楽、美術などの練習の場として、基本料金だけの低料金で提供・開放している、全国でも例を見ない試みです。しかも、利用者の自主運営というユニークな利用形態です。

こうした運営に対し、日本デザイン振興会から一九九七年にグッドデザイン大賞が贈られました。利用率は高く、若い芸術愛好家のエネルギーがたぎる場所となっています。とりわけ、トランペットやドラムという音の大きい楽器の演奏希望者から歓迎されています。

ここでの練習の成果を、国内外の愛好家といっしょに発表するイベントも実施されています。二〇〇九年からの「ジャズストリート」や、翌年からの「アカペラ・タウン」の開催です。まちなかの小さな広場や神社の境内などで野外ライブが開かれ、世界各地から集まったジャズマンやミュージシャンも加わり、大いに賑わっています。

近江町市場は市民の台所

金沢駅を背に、約一〇分も歩けば武蔵ヶ辻です。

武蔵ヶ辻は、加賀藩の重臣の中川武蔵守の屋敷が付近にあったことや、矢師《やし》（矢をつくる人）の武蔵とか、町人の武蔵庄兵衛が住んでいたという人名に由来して呼ばれています。藩政の初めから交通、商業の重要拠点でした。武蔵ヶ辻の「辻」はその名のとおり、現在も国道と県道・市道が交差する「辻」で、武蔵ヶ辻交差点の角に「近江町市場《おうみちょういちば》」があります。近江商人がつくったことから名づけられたといわれます。

近江町市場は、一五八〇（天正八）年に青草辻《あおくさつじ》（現在の武蔵ヶ辻）に朝市が開かれ、一七二一

(享保六)年、まちのあちこちにあった市《いち》を集めたのが始まりです。以来、二九〇年の歴史があります。

金沢の海の幸、山の幸が集まる市民の台所。約一七〇の店舗が並び、威勢のいい掛け声が飛び交っています。ブリ、カニ、甘エビ、イカなど日本海の鮮魚のほか、加賀れんこん、へタ紫なす(ヘタの下まで紫色になることから名づけられた。皮が薄くやわらかい)、源助《げんすけ》だいこん(新品種をつくった人の名が冠せられた。煮物によい)など一五種の加賀野菜も季節ごとに彩りを添えています。とれたての新鮮な魚を刺身や焼き物などで味わえる食事処《どころ》や寿司店もあって、食通にはおすすめのスポットです。

近江町市場の卸売りと仲買いの機能を金沢駅の西側に移し、中央卸売市場として開場したのが一九六六(昭和四一)年でした。このことが近江町市場整備の発端になりました。区域面積は〇・九ヘクタール。高容積型の再開発計画が何度もつくられましたが、不況が続き、売却の目途《めど》が立たず、いずれの計画も挫折しました。

そこで私は、「再開発というよりも、身の丈に合った再整備をしよう」と呼びかけ、賛同を得て、五階建ての施設規模になったのです。再整備にあたっては、古くからの市場の雰囲気を壊さないこと、対面販売の親しみを残すことに苦労しました。市場関係者の意見を聴き、魚や野菜の鮮度が見てわかるように昔ながらの裸電球を取り入れることにしました。

また、区域内に、建築家の村野藤吾氏の設計により、一九三二（昭和七）年に建てられた銀行の建物がありました。氏は、世界平和記念聖堂（広島市、重要文化財）を設計し、迎賓館本館（旧赤坂離宮）の改修も手がけた著名な建築家です。武蔵ヶ辻のランドマークでもある歴史的建造物なので、二二〇〇トンの重さがありましたが、五日間をかけ、建物全体を持ち上げて移動させる「曳《ひ》き家《や》」の技術を用いて残しました。

新たな通りを一本加えたものの、市場は上から見ると昔からあった「女」の文字の形の通路が、従来のままとなっています。あくまでも庶民の「普段着の台所」として親しみとあたたかみのある趣《おもむき》を残し、再整備を終えたのが二〇〇九年でした。検討をはじめてから二八年もの月日が経っていました。

3　金沢城趾から兼六園へ

金沢城公園の整備が進行中

金沢のまちは、城を中心に広がっていきました。

日本の百名城のひとつでもある金沢城は、加賀一向一揆の拠点で浄土真宗の寺院である「尾山御坊《おやまごぼう》」のあった場所に築かれました。

一五八三(天正一一)年、藩祖の前田利家《としいえ》が能登七尾から金沢に移り、金沢御堂《みどう》(尾山御坊)を尾山城と改称し、ここは前田氏の城下となりました。当時の城自体は土塁《どるい》程度の簡単なものであり、利家入城後、惣構《そうがまえ》、曲輪《くるわ》、本丸廻《まわ》り堤などが築かれました。一六三一(寛永八)年、城下で大火があり、城は焼け落ちました。そのため三代藩主利常によって本格的に城が造営され、現在の縄張り(城の区域)が定められました。それ以降、加賀藩前田家歴代の居城《きょじょう》になったのです。

明治維新後は、兵部省《ひょうぶしょう》、陸軍省が管轄《かんかつ》しましたが、戦後、金沢大学が城趾内の旧兵舎を校舎に転用していました。しかし金沢大学では、市内に分散していた学舎の統合による総合大学院構想を具体化することが懸案でしたので、一九七六(昭和五一)年に総合整備移転がはじまりました。そして郊外での新キャンパス用地の取得がおこなわれ、城内キャンパスの移転

金沢城の菱櫓，五十間長屋

が完了したのが一九九四(平成六)年のことでした。

その後、城趾は石川県が国から購入することを決めました。利家入城から数え、実に四〇〇年ぶりに土地が県民、市民の手に戻ったのです。

一方、金沢市は、城下の市庁舎に隣接する金沢大学附属小・中学校の跡地を取得することになり、ここに金沢21世紀美術館を建設することにしました。

石川県は、一九九六(平成八)年に城趾を地区公園とし、都市計画の決定を経て、整備工事に取りかかりました。伝統的な木造軸組構法《もくぞうじくぐみこうほう》によって菱櫓《ひしやぐら》、五《ご》十間《じっけん》長屋《ながや》、橋爪《はしづめ》門続櫓《もんつづきやぐら》、河《か》北門《ほくもん》、いもり堀などの復元が完了しました。

木造軸組構法とは、日本で古くから発達してきた伝統工法を簡略化して発達させた構法で、主に柱や梁《はり》を、ほぞやほぞ穴で組み立てて支えるものです。二〇〇一年には金沢城公園と改称し、二〇〇八年に国の史跡に指定されました(地図2)。

橋爪門続櫓の近くにある三十間長屋《さんじっけんながや》は、武器弾薬庫として使われていたもので、美しい海鼠壁《なまこかべ》が特徴で見所《みどころ》のひとつです。重要文化財に指定されている石川門のほか、金沢城公園の一周一・五キロの石垣巡りも一興《いっきょう》でしょう。

加賀藩御算用者(会計係)を扱った映画『武士の家計簿』(二〇一〇年公開)は、主演の俳優、堺雅人さんが橋爪門から登場するシーンではじまります。

現在も引き続き、橋爪門二の門、玉泉院丸跡《ぎょくせんいんまるあと》で、北陸新幹線の金沢開業にあわせた暫定整備が進められています。往時、玉泉院丸と金谷《かなや》出丸《でまる》(現在の尾山神社)との間に、鼠多門《ねずみたもん》と鼠多門橋がありました。この門と橋の復元ができれば、金沢城趾と藩祖利家を祀《まつ》る尾山神社が結ばれ、さらに城下の長町武家屋敷につながります。また、石川門を経て、県指定名勝の玉泉園ともつながるのです。

公園の総面積は二八ヘクタール、東京ドーム

金沢城の海鼠壁

の約六倍の広さ。二〇一四年度には橋爪門二の門が完成し、石川門、河北門とあわせて「金沢城の三御門」がすべてそろう予定です。

しかし、天守閣はありません。金沢城本丸にあった天守閣は、一六〇二(慶長七)年、落雷で焼け落ち、その後、造営されていないのです。翌年、天守閣に代わって三階櫓が建てられました。キリシタン大名で有名な高山右近がかかわったともいわれています。これが、二〇〇一年に復元された菱櫓です。天守閣の復元は、設計図が残されていないため、むずかしいのです。

兼六園はミシュランの「三つ星」

金沢城趾から石川門をくぐり、百間堀《ひゃくけんぼり》に架けられた長さ三六・三メートルの石川橋を渡ると「兼六園」です。春夏秋冬の美しさを極め、フランスの観光ガイドブック、ミシュランの日本版観光地ガイド本で、必ず見るべき「三つ星」に格づけされています。さらに、冬の雪吊りは、「人と自然が織りなす日本の風景百選」にも選ばれています。

兼六園は、一七世紀の中頃、加賀藩により金沢城の外郭に造営されました。五代藩主前田綱紀《つなのり》が手がけ、一三代藩主斉泰《なりやす》によって現在とほぼ同じ形になりました。歴代藩主により、長い年月をかけて形づくられてきたのですが、作庭《さくてい》における基本的な思想は一貫していたようです。その思想とは神仙思想。大きな池を穿《うが》って大海に見立て、そのなかに不老不死の神仙人が住むといわれる「蓬萊島《ほうらいじま》」を配しています。藩主たちは、長寿と永劫《えいごう》の繁栄を庭園に投影したのです。

広さは約一一ヘクタールの江戸期を代表する林泉《りんせん》廻遊式の庭園で、岡山の後楽園、水戸の偕楽園と並び、日本三名園のひとつとされています。

兼六園の雪と水泉

その命名には逸話があります。中国の宋の時代の書物『洛陽名園記《らくようめいえんき》』に、「庭園では六つのすぐれた景観を兼ね備えることはできない。広々とした様子（宏大《こうだい》）を表そうとすれば、静寂と奥深さ（幽邃《ゆうすい》）が少なくなってしまう。人の手が加わったところ（人力《じんりょく》）には、古びた趣（蒼古《そうこ》）が乏しい。また、滝や池など（水泉《すいせん》）を多くすれば、遠くを眺めること(眺望)ができない」。そして「この六つの景観が共存しているのは湖園《こえん》だけだ」という記述があります。兼六園は、この湖園に似つかわしく、宏大、幽邃、人力、蒼古、水泉、眺望の六勝を兼ね備えているという理由から、一八二二(文政五)年、奥州白河藩主で、のちに江戸幕府の老中をつとめた松平定信(白河楽翁)によって命名されました。

兼六園は、一八七四(明治七)年に一般開放されました。一九二二(大正一一)年には国の名勝に、一九八五(昭和六〇)年に特別名勝に指定されました。また、一九七六年からは、入園が有料化されています。

市内の中心部にありながら小立野台地に位置することから、借景をさまたげるものがなく、六勝のなかでも眺望のよさが際立っています。また、辰巳用水を取り入れているだけに水泉のよさも格別です。四季折々の美しい情景を楽しめる庭園として、国内外からの観光客に親しまれ、年間入園者数は、約一八〇万人にものぼります。金沢の観光地のなかで、最も人気があるところです。

成巽閣

兼六園内には、「成巽閣《せいそんかく》」があります。一八六三（文久三）年、一三代藩主斉泰が、母君にあたる一二代奥方の隠居所として、細やかな心配りに満ちた優しく雅《みやび》な空間につくりあげました。

金沢城から見て巽《たつみ》（東南）の方角にあることから、当時は巽御殿と呼ばれていました。一階は書院造、二階は数寄屋造《すきやづくり》となっていて、江戸時代末期の大名屋敷の代表的建築として、一九五〇（昭和二五）年に国の重要文化財に指定されています。

「金沢」の由来——金城霊澤

「金城霊澤《きんじょうれいたく》」は、兼六園の南東端、金沢神社のそばにあります。芋掘り藤五郎《とうごろう》の伝説とともに「金洗《かなあら》いの沢《さわ》」として親しまれてきました。一五九二（文禄元）年、前田利家が、その名にちなんで町の名前を「尾山」から「金沢」に改めたとされています。まちの名前が伝説に由来するのは、珍しいことです。

その芋掘り藤五郎の伝説を紹介しましょう。

金城霊澤

奈良時代の初めのころ、山科《やましな》(現在の金沢市南部郊外)に山芋(自然薯《じねんじょ》)を掘って暮らす藤五郎という、貧しいけれど無欲で礼儀正しい若者がいました。ある日、藤五郎のもとに、大和の国から和子《わご》という美しい娘が嫁いできました。しかし藤五郎は、和子の持参金も貧しい人たちにわけ与えてしまいます。貧しい二人でしたが、仲むつまじく暮らしていました。

そんなある日、娘夫婦の貧乏を見かねた大和の実家から、砂金の入った袋が送られてきました。買い物を頼まれた藤五郎は、通りかかった田んぼに雁《がん》の群れを見つけ、捕ろうと思いましたが、投げる石が見あたらず持っていた砂金の袋を投げつけ、なくしてしまいます。和子は驚き怒りだしますが、藤五郎には、なぜ和子が怒るのか、わかりません。平気な顔をして「あんなもの、芋を掘るといっぱい付いてくるんだがなあ」といいます。和子は半信半疑で藤五郎といっしょに山へ行き、二人で芋を掘り、近くの泉で洗ってみました。すると、きれいな水のなかに金色のつぶがキラキラと光ります。それは砂金だったのです。

藤五郎と和子は、たちまち大金持ちになりました。しかし、決して一人占めにはせず、貧しい人たちにわけ与えたため、暮らしは少しも変わりませんでした。それでも二人は十分に幸せで、人々からは「芋掘り長者」と呼ばれ、敬われました。

この芋洗いの泉が金城霊澤です。いまでもきれいで冷たい水が湧き出しています。民話の世界にタイムスリップしてみるのも、歴史のある金沢ならではの楽しみのひとつでしょう。

石川県立能楽堂

道路を挟んで成巽閣の向かい側に、「石川県立能楽堂」があります。加賀藩の歴代藩主が、能を愛好し、藩士や領民にも奨励したため、いまでも「加賀宝生《かがほうしょう》」の能楽が盛んです。一九三二(昭和七)年に建てられ、金沢市役所の後方にあった金沢能楽堂と、そこの能舞台を石川県が譲り受け、移築したものです。一九七二(昭和四七)年に、全国で初めての独立した公立能楽堂として開館しています。

本館一階の能舞台は、入母屋造《いりもやづくり》の破風《はふ》のついた檜皮葺《ひわだぶき》屋根で、西本願寺の国宝北舞台を模したものとなっています。毎月、定例能を催しており、公演のない日は能舞台を見学できます。

4　兼六園周辺の美術館と博物館を巡る

石川県立美術館と博物館

金城霊澤から道を挟んで、「石川県立美術館」があります（地図3）。美術館は、第二次世界大戦が終結した一九四五（昭和二〇）年一〇月、「石川県美術館」として金沢市本多町の旧北陸海軍館を改装して開館しました。その後、兼六園内に移設され、さらに一九八三（昭和五八）年、現在の出羽町に建て替えられています。

美術館には、加賀藩前田家に伝わるすぐれた文化財を展示する前田育徳会尊経閣文庫分館《まえだいくとくかいそんけいかくぶんこ》と九つの展示室があります。第一展示室には、江戸時代前期、野々村仁清《ののむらにんせい》の手による国宝「色絵雉香炉《いろえきじこうろ》」、重要文化財「色絵雌雉香炉《いろえめすきじこうろ》」が展示されているほか、世界的に声価《せいか》の高い古《こ》九谷《くたに》をはじめ茶道美術などの古美術品の展示も見逃せません。これらのほか、明治以降現代までの絵画、彫塑《ちょうそ》、工芸の全分野にわたる作品が展示されています。

ところで、なぜ、金沢に藩祖前田利家に関する博物館がないのか、不思議に思われる方もおありでしょう。加賀藩と前田家の歴史については、一四代慶寧《よしやす》、一五代利嗣《としつぐ》によって編纂された『加賀藩史稿』全八巻にまとめられています。また、一六代利為《としなり》によって「加賀藩史料」の編纂と育徳財団（現在の公益財団法人前田育徳会）の創設がなされ、蔵書や美術品等の整理と収集がおこなわれました。一九二八（昭和三）年には、東京都目黒区の前田家駒場邸内に財団の建物が完成し、現在もここに数多くの品が保存・管理されているのです。

財団が所有・管理する蔵書は尊経閣文庫《そんけいかくぶんこ》と呼ばれ、『日本書紀』の現存最古の写本や、藤原定家筆の『土佐日記』の写本など国宝一九件を含む日本、中国の古写本、古刊本が多数収蔵されています。古書籍のほか、加賀藩前田家伝来の絵画、工芸品、調度類、刀剣甲冑《かっちゅう》などの文化財を多数所有しており、なかでも室町時代のころから「天下五剣（国宝指定）」の一つに数えられ、前田家第一の家宝として神格化されていた、平安時代末期、三池光世《みいけみつよ》作の太刀《たち》「大典太《おおでんた》」が有名です。

尊経閣文庫の閲覧は許可を受けた研究者に限定され、一般には公開されていません。古書籍以外の所蔵品については、前田育徳会本部(東京都目黒区)に展示施設がないため、所蔵の絵画、工芸品などの一部が寄託され、石川県立美術館で「前田育徳会尊経閣文庫分館」として、順次公開されています。

美術館から広場を挟んだ隣地に、「石川県立歴史博物館」があります。かつては、旧陸軍兵器庫でした。戦後は、金澤美術工藝専門學校として、のちに金沢美術工芸大学として使われましたが、一九八一(昭和五六)年に、歴史博物館として利用することが決まりました。明治末期から大正初期にかけて建設された赤レンガ造り二階建て三棟の建物で、外観は創建当時の姿を復元再生し、文化財としての価値と展示設備との調和を図り、整備され、国の重要文化財に指定されています。

二〇一五年春のリニューアルオープンに向けて、三棟はそれぞれ、石川の歴史と文化の展示ゾーン、多目的ホールやワークショップなどのフリーゾーン、収蔵・本多ゾーンに生まれ変わります。

本多ゾーンには「藩老本多蔵品館」が置かれ、加賀藩士の重臣、本多家に伝わる武具を中心に、馬具一式や馬験《うましるし》などの陣立装具《じんだて》が展示されます。

さらに、県立歴史博物館から東に一〇分も歩くと、「金沢くらしの博物館」があります。金沢城の石垣の石を曳《ひ》いた「石引通り」に面し、旧町名が復活した飛梅町《とびうめちょう》にあります。戦前から戦後の生活資料や冠婚葬祭、年中行事に関する資料、生業《なりわい》にかかわる職人道具のほか、遊び道具などを展示しています。

一八九九(明治三二)年に石川県立金沢第二中学校の校舎として建てられた、尖《とが》った塔をもつ特徴ある建物で、石川県有形文化財に指定されています。卒業生であった建築家、谷口吉郎氏の指導により保存されることになったものです。

「美術の小径」を歩く

県立美術館の裏手から市立中村記念美術館へ下る坂があります。二つの美術館を結ぶことから、「美術の小径《こみち》」と呼ばれています。かつては、加賀藩家老の本多家の上屋敷と下屋敷を結んでいました。

手すりを付けた階段が整備された坂の脇には、用水が滝のように流れ落ちています。これ

美術の小径

は、兼六園内に入る直前に分水された辰巳用水で、藩政期には西外惣構堀《にしそとそうがまえぼり》となり、城の重要な守りとなっていました。崖地だけに、急な坂道は林のなかを通りぬけることになります。歩きながら水音を聞いていると、山中にいるようにも感じられ、まちなかであることを忘れるような別世界となっています。

中村記念美術館とふるさと偉人館

「中村記念美術館」では、酒造業を営んでいた中村栄俊《なかむらえいしゅん》氏が寄贈した重要文化財を含む茶道美術の名品が展示公開されています。加賀藩前田家が育んできた茶道の世界が感じ取れることでしょう。また、鑑賞のあとには、庭の見える休憩コーナーで抹茶をいただくこともできます。コンテンポラリーアートの金沢21世紀美術館とは対照的な美術館です。

美術館から通りを渡って少し歩くと、金沢が生んだ偉人の遺品や資料を展示する「金沢ふるさと偉人館」があります。

「近代日本を支えた偉人たち」として、高峰譲吉《たかみねじょうきち》（医学、薬学）、中西悟堂《なかにしごどう》（野鳥の父）、藤岡作太郎《ふじおかさくたろう》（国文学）ら、さまざまな分野で活躍し、偉業を残した二〇人の偉人にまつわる品々や資料が常設展示されています。最近、『もっと知りたい金沢ふるさと偉人館』という小冊子ができ、九一人の偉人たちを紹介しています。

「緑の小径」を通り鈴木大拙館へ

ふるさと偉人館から引き返して中村記念美術館に戻ると、館の裏手に散策路「緑の小径《こみち》」があります。この小径は、小立野台の斜面の原生林のなかにつくられています。ここを歩いていくと「鈴木大拙館」です。

鈴木大拙は、禅仏教や日本的霊性を世界に布《ひろ》めた東洋の聖者でした。大拙が金沢市に生まれたのが一八七〇(明治三)年。石川県専門学校を経て、旧制第四高等中学校を中退し、小学校の教壇に立ったのち、東京帝国大学に入学。中退して渡米、アメリカで一一年、ヨーロッパで一年を過ごしました。一九〇九(明治四二)年に帰国、アメリカ人のビアトリス・アースキン・レーンと結婚しています。学習院教授ののち大谷大学教授となり、講義のかたわら、執筆、外国文献の英訳を重ねました。『日本的霊性』を出版し、財団法人松ヶ岡文庫を設立したほか、欧米やアジアの各地へ旅し、海外での活動は通算二五年にもおよびました。

一九四九(昭和二四)年には文化勲章を受章、一九六六年に九六年の生涯を閉じました。大拙の秘書だった岡村美穂子氏によれば、大拙は「勲章は安宅君がもらってくれればよかった」と話されたそうです。「安宅君」とは、金沢市出身で、かつての総合商社安宅産業の創始者で、大拙のよき支援者であった安宅彌《あたかや》吉《きち》氏のことです。

二〇〇六年に金沢経済同友会からの提言もあり、大拙に関する記念館の建設について思いを巡らしていたころ、兼六園に近く加賀藩家老の本多家下屋敷があった場所に、高層マンションの建設計画が持ちあがりました。付近は静かな住宅地で、大拙の生誕地や母校の小学校にも近い場所です。鈴木家の菩提寺、氏神にも近く、金沢市指定文化財で本多家に由来する松風閣庭園にも接しており、記念館を建てるとしたら、これ以上の適地はありません。

早速、市が土地を取得することにしました。有識者会議を設置し、施設の建設に意見を求めました。岡村氏からは、「先生は大きいものはキライよ。ただ天井は高くないとダメ。角張ったものより丸い形を好まれましたよ」「美穂子さん、スーッとやるんだ」とアドバイスを受けました。また、「美穂子さん、スーッとやるんだ」というのが大拙の口癖だったこともうかがいました。このことから建物の名称は、直截《ちょくさい》に、簡潔に「鈴木大拙館」とすることに決まりました。

鈴木大拙館の「水鏡の庭」

こうして没後四五年にあたる二〇一一年、兼六園のある小立野台の下に「鈴木大拙館」が完成したのです。金沢ゆかりの日本芸術院会員で建築家の谷口吉生《たにぐちよしお》氏により設計されました。「本多の森」を借景に、石と水と緑を取り入れ、白を基調にした清楚で瀟洒《しょうしゃ》な建物が配置され、見事な瞑想の場が生まれました。谷口氏の父は建築家の谷口吉郎氏であり、大拙と交友のあった人なのです。

金沢21世紀美術館の誕生

広坂《ひろさか》通りの金沢市役所に隣接した広大な敷地に、巨大な円盤が着地したような斬新な美術館が二〇〇四年に開館しました。「金沢21世紀美術館」です。表も裏もない透明ガラスのアートサークルで、壁は薄く、柱は細く、在来の建築手法、様式とはまったく違うものでした。

何よりも変わっているのは、世界でも珍しい円形の美術館であることでした。東西南北に四つの出入り口があることや、外周部に託児室、授乳室、市民ギャラリーを備え、地下一階と地上一階の内側を美術館ゾーンとした、まさに「まちに開かれた公園のような美術館」が生まれました。

所蔵作品のなかには、恒久展示作品もあります。そのひとつは、アルゼンチンの作家、レアンドロ・エルリッヒの「スイミング・プール」です。強化ガラスに水を張ったプールの水面を境界とし、その地上と地下(プールの内部)で人と人が出会うことができる不思議な空間となっている作品で、各地からやってくる修学旅行の生徒や親子連れの人気の的《まと》となっています。

このほか、天井が四角に区切られ、空が見えるジェームズ・タレルの作品、「ブルー・プラネット・スカイ」、通称「タレルの部屋」など、奇妙で楽しい空間がつくられており、まるで遊園地のようで退屈しません。

誕生までには、こんな経緯がありました。金沢城趾にあった金沢大学の郊外移転にともなって附属幼稚園と附属小中学校も移転することになり、この跡地を、どのように利用するかの問題が浮上しました。市の庁舎に隣接したこの土地を取得したいとの市の意向を大学側に伝えたのが一九九一(平成三)年のこと。ここに美術館を建てたいと思いました。

一般に、県庁所在地では県と市がそれぞれに美術館を持っており、金沢市が美術館を持つことに、別段、ためら

金沢21世紀美術館にある，レアンドロ・エルリッヒによる「スイミング・プール」

いはありませんでした。ただ問題は、どんな美術館をつくるかにあったのです。当時、市長だった私は、「新しいタイプの美術館でありたい、そのためにも現代美術館がいい」、「市がつくる美術館だから誰でも気軽に立ち寄れる庶民派美術館でありたい」と心に決めていました。

当然のことながら、市民から異論が続出しました。「歴史と伝統のまちに現代美術館はそぐわない」とする意見が大半だったのです。でも「金沢には、伝統主体の本格派美術館として県立美術館がある。これと至近距離にある市の美術館が県の美術館と同じだったら、それこそ税金の無駄遣いではないか」と、私は逆に訴えかけたのです。そして、「県と市で役割を分担しあうことが、むしろ協調することなのです」とも主張しました。しかし、日展や現代工芸展などの既成流派が主流の美術界のほか、市民のなかにも冷ややかな空気があるのを感じ取っていました。

そのうち、美術館の基本構想と基本計画を策定する必要から、美術館等整備構想懇話会が設けられ、「都市型文化交流施設（美術館および複合施設）の整備が必要で、まちなかへの回遊性にも配慮すること」と提言されました。つとめて市民の意見を聴く機会を持ち、展示する作品の収集方針として、「国内外の近代、現代美術の流れを総合的に展望できる優れた作品」のほか、「金沢ゆかりの優れた美術工芸作品」を加えることにしたのです。

建物の設計は、コンペ方式をとり、東京大学名誉教授の芦原義信氏らによる設計者審査委員会で選考した結果、妹島和世《せじまかずよ》氏と西沢立衛《にしざわりゅうえ》氏のＳＡＮＡＡに決定しました。その建築コンセプトは、新たな文化の創造とまちの賑わい創出をめざす「まちに開かれた公園のような美術館」でした。名称は、未来の文化創造の旗手であってほしいとの願いから、「金沢21世紀美術館」に決まりました。

初代館長には、海外の美術館事情にも詳しい大阪市立美術館長の蓑豊《みのゆたか》氏が就任しました。蓑氏は行動派の館長で、まちなかや商店街にも出て、美術館のＰＲと協力を精力的に働きかけてくれました。とりわけ、子どもと母親を美術館に呼ぶ手立てを考え、入場者の増加を図ったのです。さらに美術館のキュレーター（学芸員）たちの努力もあり、年間約一五〇万人もの入館者を数え、開館七年目にして入場者数は一〇〇〇万人を突破しました。

兼六園と道路を隔てて向きあっていることもあり、全国各地から訪れた観光客や美術愛好家などがまちなかを巡り、相乗効果として都心の賑わいが生まれています。

いまでは、金沢美術工芸大学の学生による卒業制作展や市民による生花展などが金沢21世紀美術館で開かれるようになり、学生や市民の間に制作に取り組む意欲の高まりを感じています。

これからも、ものづくりやファッション、建築など、文化・産業のあらゆる分野に、美術館の計《はか》りしれない影響がおよんでいくことでありましょう。

現館長の秋元雄史《あきもとゆうじ》氏は、まちを巻きこんだ大規模なアート展やフランスのルーヴル美術館との共同企画展などを次々に成功させ、次いでポンピドゥー・センター国立近代美術館との共同企画展を準備しているところです。

金沢は、まち全体が博物館です。日本を代表する美術館の仲間入りをした金沢21世紀美術館が牽引《けんいん》役となって、まちなかにあるあちこちの小空間を使って、随時、ミニ美術館を開くまでになりました。引き続き、斬新で意欲的な試みにより、美術館はまちの賑わい創出の中心でなければなりません。

なお、この建物が代表作となって、SANAAは二〇一〇年に建築界のノーベル賞ともいわれるプリツカー賞を受賞しています。

金沢能楽美術館――能装束、能面の着装体験も

金沢21世紀美術館に接して、二〇〇六年には「金沢能楽美術館」が開館しました。伝統芸術と現代美術とのコントラストが絶妙です。

能楽は、加賀藩が武家のたしなみとして保護育成を図り、「加賀宝生《かがほうしょう》」として庶民の間に広まりました。しかし、明治維新により武士階級が没落し、加賀宝生もいったん衰退しましたが、中興の祖、佐野吉之助《さのきちのすけ》の尽力で、今日の隆盛を見るに至ったのです。その佐野家などに伝わる貴重な能面や能装束を収蔵展示しています。

「加賀宝生」は金沢市の無形文化財に指定され、「能楽」は世界無形文化遺産に登録されています。このように、この美術館は貴重な美術品と伝統芸能を現代、さらに未来へとつなげていく新しい文化施設となっています。ここでは能装束や能面などの着装体験ができます。

夜を楽しむナイトミュージアム

金沢らしい、金沢ならではのイベントが二〇一三年から動きだしました。「金沢ナイトミ

ユージアム」と名づけられたイベントです。七月から一〇月の金曜日と土曜日、まちなかの美術館や博物館の開館時間が延長されます。

音楽との融合やキャンドルを用いた演出など、昼間とは違う魅力を味わっていただくユニークな試みです。

和から洋、伝統から現代までの幅広い文化の活かし方をお楽しみください。

詳細は、ナイトミュージアムのホームページ（http://www.nightkanazawa.com/）のほか、金沢芸術創造財団、金沢文化振興財団へお問い合わせください。

5　広坂、香林坊界隈

旧県庁舎跡——何もつくらないことが見識

金沢能楽美術館前の広坂通りに面し、金沢城を背にして、石川県庁舎がありました。いまは本館部分だけを残し、他はすべて壊され、緑地になっています。本館の建物は二〇一〇年にリニューアルされ、正面玄関に大きなしいの木があることから「しいのき迎賓館」と名づけられました（地図4）。ここにはフランスの有名シェフ「ポール・ボキューズ」の名を冠したレストランがオープンしています。しいのき迎賓館と周囲の芝生広場を含めた県庁跡地は、「しいのき緑地」と呼ぶことになりました。

しいの巨木がある，しいのき迎賓館

この経緯をお話ししましょう。

旧県庁舎は築後約七〇年が経過していました。一方、一九七〇年代、金沢駅の西部地域で新都心形成のための土地区画整理事業が進行中でした。当時の中西陽一知事は、県庁舎の移転用地を取得する最後の機会であるとして、一九九三（平成五）年、駅西地域への移転を表明したのです。

案の定、中心商店街から、まちなかの空洞化につながるとして、強い反対意見が出ました。しかし、知事と市長の間に意見の違いはありませんでした。「跡地の扱いは急がないほうがいい知恵が出る」（知事、市長）、「兼六園文化ゾーンとして考えよう」（知事）、「跡地利用のコンセプトは緑と歴史と国際性だ」(市長)というものでした。

しばらくして、二〇〇二年のこと。金沢城大手門の近くにあるNHK金沢放送局から知事あてに「県庁跡地に移転したい」という申し出がありました。この移転には、高さ五〇メートルのアンテナの移設がともないました。しかし、市の景観条例に定めた県庁跡地での高さ基準は、一五メートルでした。県と市、そしてNHKにそれぞれの立場があり、商店街が「NHKの進出は賑わい創出に役立つ」と言えば、「業務施設だからそうは思わない」と反対する人もいて、県民・市民の意見は、真っ二つにわかれました。さらに、金沢市の条例の基準をクリアできるのかという問題も重要で、地元市長としての対応はむずかしいものでした。

金沢市景観審議会の議論は白熱しました。「条例の基準は厳守すべき」、「いや、柔軟運用があっていい」、「城跡整備に五〇メートルのアンテナは障害になる」、「まちの賑わい創出と景観は別問題だ」などと、意見は熱をおびました。

激しい議論の末、二〇〇三年、「例外は認めるべきではない、基準を超える高さのアンテナの設置は認められない」と判断が下されたのです。これを受けた市長の私は、「審議会の判断は至当」として終止符を打ちました。

ＮＨＫ移転問題とは別に、跡地利用は、県、市、学識経験者によって検討され、議会での論議も続いていました。地元市長として、私は、終始「市役所側から城の石垣が見えたらいい」、「何もつくらないことこそ見識」と話しました。県から「未来型図書館を核とした多機能複合施設の整備案」も示されたのですが、石川県出身の森喜朗元総理から「跡地はセントラルパークであるべき」と欧米の緑豊かな都心空間を視野に入れた提起があり、しだいに県議会での議論も収斂《しゅうれん》されていきました。

こうして、金沢城の石垣がのぞまれる大きな緑地空間が都心に生まれたのです。

いま、「何もつくらないことの贅沢《ぜいたく》」が、ここにあります。思えば加賀藩の歴代藩主は、城とその周辺に豊かな緑をつくり、育て、守ってきたのです。金沢城や兼六園の樹々、本多の森、藩祖利家を祀る尾山神社の叢林《そうりん》を整備し、市内野田山の前田家墓所とあわせて、豊かな緑の保全を図ってきました。戦後日本の都市が、土地をコンクリートで固めたことが、重大な災害を招く原因にもなっていることを忘れてはなりません。

旧制四高と郷土ゆかりの文学——石川四高記念文化交流館

しいのき迎賓館の近くに、「石川四高記念文化交流館」があります。

建物は、一八九一(明治二四)年に建てられた赤レンガ造りの旧制第四高等中学校本館を利用しています。図書館書庫を活用し、一九六八(昭和四三)年、東京に次ぐ日本で二番目の総合文学館として開館したのがはじまりです。現在は、旧制四高(金沢大学の前身)の歴史と伝統を伝える資料を展示する「石川四高記念館」と、石川県ゆかりの作家の資料を展示する「石川近代文学館」によって構成されています。

なお、隣接する三・三ヘクタールの中央公園は、二〇一四年、「いしかわ四高記念公園」に改称されました。

香林坊界隈

香林坊《こうりんぼう》は、加賀藩の初期、比叡山の僧であった香林坊が金沢に戻って目薬屋を営んでいたことが地名の由来とされています。金沢城に近いこともあって、江戸時代から北陸街道沿いに店が建ち並ぶ場所で、いまは北陸の代表的繁華街です。百貨店を中心に、数々の高級ブランドやファッション・ビルや店舗が集積しています。

また、香林坊から武蔵ヶ辻までの約一キロメートルの区間は、国道一五七号線です。この通りは、銀行やオフィス・ビルが建ち並ぶ金沢のメイン・ストリートで「百万石通り」と呼ばれています。

藩祖前田利家を祀る尾山神社

香林坊から武蔵ヶ辻に向けて進むと、途中の右側に尾山神社の神門が見えてきます。尾山神社は、藩祖前田利家と正室まつを祀っています。一八七三(明治六)年、卯辰《うたつ》山麓から現在地に社殿を新築、遷座しました。

国の重要文化財の神門は、一八七五年に完成。和漢洋の混用様式の異色の門として全国に知られ、金沢のシンボルにもなっています。石材は金沢の戸室石《とむろいし》を用いています。三層目の窓はステンドグラスで、その御神灯《ごしんとう》は日本海を航海する船にとって灯台の役割も果たしていたそうです。設置されている避雷針は、日本最古のものといわれています。

境内には、利家の騎馬武者姿の銅像があります(第2章扉写真)。織田信長に赤母衣衆《あかほろしゅう》とし

重要文化財の尾山神社の神門

て仕え、槍《やり》の名手だったため、「槍の又左《またざ》」の異名で敵方から恐れられていた青年時代の勇敢な像です。右手には、その名のごとく長い槍をかざしています。遺された着物から、利家の身長は約六尺、約一八〇センチ余りの恵まれた体格の持ち主と推測されています。服装や行動から、傾奇者《かぶきもの》（歌舞伎者とも表記）、婆娑羅《ばさら》などと呼ばれ、女性の人気も高かったようです。

池の脇には、明治初期の数学者、関口開《せきぐちひらき》の顕彰碑があります。数学者であることにちなみ、円柱に円錐《えんすい》を乗せた石碑です。

関口は加賀藩士の家に生まれ、和算を学び、維新後は洋算に転じて独学で微分・積分まで習得しました。すぐれた弟子を輩出し、明治初期の東京帝国大学数学科の卒業生の半数以上が、関口の薫陶《くんとう》を受けた石川県出身者だったそうです。哲学者、西田幾多郎《きたろう》が師と仰いだ北条時敬《ほうじょうときゆき》も、そのひとりです。関口が一八七三（明治六）年に出版した『新撰数学』は、総計二二万部ものベストセラーになったそうです。日本の近代数学を築いた人物のひとりといえましょう。

用水と長町武家屋敷跡、前田土佐守家資料館

尾山神社の神門前の国道を横切り、しばらく行くと尾山橋《おやまばし》。ここを渡って、鞍月《くらつき》用水沿いに左に折れ、「せせらぎ通り商店街」(第4章扉写真)を通って右衛門橋《えもんばし》を過ぎたところで右に入ると長町武家屋敷跡です。

長町武家屋敷跡とその一帯は、加賀八家《はっか》の三万三〇〇〇石の長《ちょう》家、一万六〇〇〇石余りの村井家をはじめ、上級武士だけでも九家を数えた屋敷町のあったところです。加賀八家とは、加賀藩で家老(執政)を代々世襲し、家臣でも別格とされていた、本多家、長家、横山家、前田土佐守《とさのかみ》家、前田対馬守《つしまのかみ》家、奥村本家と支家、村井家の八家のことです。

区域面積は一・九四ヘクタール、七三戸、土塀の総延長は二一九メートル、金沢市の伝統環境保存区域の指定を受けています。露地、土塀、屋敷門が往時の姿を偲《しの》ばせます。毎年一二月になると冬の雪と寒さから土塀を守る「こも」が掛けられ、金沢を代表する冬の風物詩

のひとつとなっています(目次扉写真)。

狭く曲がった道を通り、「長町二の橋」を渡って左に折れ、用水沿いに歩くと「前田土佐守家資料館」があります。藩祖前田利家の次男、利政を祖とする前田土佐守家に伝わる六〇〇〇点の古文書《こもんじょ》や書画、武具と、九〇〇〇点の歴史資料を収蔵展示しています。資料館の前を流れるのは大野庄用水で、犀川大橋下流から取水し、長町武家屋敷の露地へと巡っています。水量、水質ともに際立ち、夏にはホタルが舞う、これが金沢なのです。

老舗記念館

資料館の向かい側に、「金沢市老舗《しにせ》記念館」があります。この施設は、一五七九(天正七)年に創業した薬種商、中屋薬舗の建物を尾山神社前の南町から移築したものです。

一階には、当時の店先を再現した「みせの間」、「おえの間」(来客の上がり口)、「書院の間」、「茶室」があります。二階には、一〇〇年以上も暖簾《のれん》を受け継いできた老舗有志の会の金澤老舗百年會の協力で、市内の老舗に伝わる生活諸道具や町民文化に関する資料を展示しています。

6　浅野川、卯辰山、地元の小さな博物館

浅野川大橋界隈の歴史文化施設

加賀藩の初期から中期にかけ、浅野川左岸の大橋界隈《かいわい》を「懸作《かけづく》り」と呼びました。掛《か》け作りの仮屋を設けて商売したところで、現在の橋場町商店街の起源といわれています。

この懸作り界隈には、多くの歴史文化施設が集まっています（地図5）。泉鏡花生誕地跡やその記念館のほか、すぐ近くに朗読小屋の浅野川倶楽部《くらぶ》があります。この倶楽部では、地元の女性たちによって郷土ゆかりの作家の小説や詩を読んで鑑賞する活動が、熱心に展開されています。近くには、旧銀行を改装した「金沢文芸館」があります。金沢ゆかりの作家、五木寛之氏による「五木寛之文庫」が併設され、市民の文芸活動の拠点になっています。

さらに、二〇一四年、金沢美術工芸大学の付属機関「柳宗理《やなぎそうり》記念デザイン研究所」が生まれました。柳宗理氏（一九一五～二〇一一年）は、日本工業デザインの草分け的存在であり、同大学でも長年にわたり教鞭をとられました。約七〇〇〇点におよぶ氏の作品・資料の寄託を

受け、その一部を展示公開しています。

隣には、市内のレコード店から寄贈された五四〇台の蓄音器と二万枚のSPレコードを収蔵、公開する「金沢蓄音器館」があります。エジソンが発明した蝋管式《ろうかんしき》蓄音器から昭和初期の大型蓄音器までを、実際に聴くことができます。

蓄音器館を出て、道路を渡り向かい側に入って行くと、画人でもあった加賀藩士の邸宅跡で、金沢市の指定史跡である「寺島蔵人《てらしまくらんど》邸」が公開されており、江戸中期の中級武士の武家屋敷の姿をとどめています。

陶芸家の大樋《おおひ》長左衛門《ちょうざえもん》氏が開設した「大樋美術館」も、この近くです。

泉鏡花記念館

一八七三(明治六)年、泉鏡花は浅野川大橋に近い下新町《しもしんちょう》で生まれました。幼いころに母を亡くし、その作品は亡母への憧憬を基《もと》に、浪漫と幻想の世界を小説や戯曲という形で紡《つむ》ぎだしました。明治半ばから創作活動をはじめ、大正、昭和にかけて三〇〇篇余りの作品を生み、やがて文豪と称《たた》えられ、また天才とも謳《うた》われるようになりました。『義血俠血《ぎけつきょうけつ》』、『高野聖《こうやひじり》』、

『婦系図《おんなけいず》』、『天守物語《てんしゅものがたり》』など、まばゆいばかりの傑作の数々は、文学の世界だけでなく、視覚芸術である舞台や映画にも取りあげられ、現在も人々に愛され続けています。

二〇一三年、鏡花生誕一四〇年を迎えたことを機に、生誕地である金沢市下新町と、文筆活動をおこなった東京・神楽坂の住民有志が連携し、「鏡花を追ってプロジェクト」がスタートしました。鏡花文学を仲立ちにできた地域間交流で、神楽坂を拠点に活動する作家で泉鏡花文学賞選考委員の嵐山光三郎《あらしやまこうざぶろう》氏が顧問をつとめています。

鏡花は、浅野川について「此の川は水が柔かうて、蒼《あお》い瀬も、柳の葉の流れるやうだで、俗に女川と言ふだがね、」（「由縁《ゆかり》の女」、『鏡花全集 巻十九』、岩波書店、一九四二年）と書いています。

鏡花の生家は明治時代の大火で焼失し、いまは残っていません。しかし、その跡地に建つ木造二階建てと土蔵三棟からなる建物を改修し、一九九九（平成一一）年に「泉鏡花記念館」が開館しました。鏡花が生まれ育った当時のまち並みの面影を色濃く残す地域にあり、茶屋街の主計町《かずえまち》が隣接しています。

地方文学賞の草分け、泉鏡花文学賞

金沢市は、「文化は地方から」、「地方分権は文化の復権から」と、文化の中央指向に対するアンチテーゼとして、一九七三(昭和四八)年、郷土が生んだ文豪、泉鏡花にちなみ、泉鏡花文学賞を制定、地方文学賞の草分けでした。

しかし、なかなかの難産でした。「どうせ受賞者は中央の人か、よその人。そんな人に市民の税金を使われるなんて、真っ平御免《ごめん》」という声もありましたが、作家の五木寛之氏の指導と熱意で実現したのです。

以来すでに四〇年。受賞者には、デビューしたばかりだった吉本ばなながいる一方、瀬戸内寂聴、半村良《はんむらりょう》、色川武大《たけひろ》、唐《から》十郎、村松友視《ともみ》、丸谷才一、嵐山光三郎など、まさに多彩な顔ぶれが名を連ねています。名実ともに日本を代表する文学賞のひとつに発展したのは喜ばしい限りです。五木氏をはじめ、選考委員をつとめられる評論家や作家の方々の格別な尽力があったからです。日本の文学史上に燦然《さんぜん》と輝く存在として、文学界はもとより、金沢文化への寄与は計りしれないものがあります。

主計町茶屋街

川沿いの「主計町《かずえまち》」、対岸の「ひがし」、もう一つの川の犀川左岸の寺町台地区に隣接する「にし」が金沢の三茶屋街です。茶屋は、茶店と区別するために「お茶屋」と呼び、茶屋街は「花街《はなまち》」ともいいます。芸妓《げいぎ》（「げいこ」とも呼ぶ）が踊り、三味線、太鼓といった芸ごとを披露する場所です。

暗がり坂

主計町の茶屋街は、一八六九（明治二）年につくられました。現在、茶屋は四軒、こじんまりした印象のまちです。茶屋の裏に入ると、細く狭い小路《しょうじ》があります。茶屋への通い道だった「暗《くら》がり坂」や、作家の五木寛之氏が命名した「あかり坂」（次ページの写真）もあります。浅野川に沿う、主計町から少し下流の「中《なか》の橋《はし》」にかけたあたりを、氏は「湿り気のある金沢らしい雰囲気の漂うところ」と語っています。

あかり坂

ひがし茶屋街

主計町から浅野川大橋を渡り、国道から右手に入ると、ひがし茶屋街です。石畳の両側に紅殻格子《べんがらこうし》のまち並みが広がっています。

「ひがし」は「にし」と同じ一八二〇(文政三)年につくられました。いま、営業中の茶屋は八軒ですが、加賀藩公認の茶屋街であったことから、格式のある建物が残っています。なかでも「志摩《しま》」は、まちができた当時の建物で、茶屋では唯一、国の重要文化財に指定され、有料ですが一般公開されています。優美で、粋《いき》なしつらいは往時の遊興《ゆうきょう》が偲ばれます。茶屋街には伝統建築を活かした和風カフェや食事処《どころ》のほか、地場産品のショップもあって、観光客の人気の的になっています。

安江金箔工芸館

ひがし茶屋街から国道に戻り、浅野川大橋を背に少し歩くと、右側に「金沢市立安江金箔工芸館」があります。

金箔職人であった安江《やすえ》孝明《こうめい》氏が収集し、市に寄贈した美術品と道具類が展示されている全国唯一の金箔博物館です。

ここでは、一万分の一ミリの薄さの金箔の世界にふれることができます。

徳田秋聲記念館

安江金箔工芸館を出て、国道を左に再び浅野川大橋へ戻ります。橋詰めで左に折れ、川沿いの右岸「秋聲《しゅうせい》のみち」を上流に向かうと、先にあるのが「徳田秋聲記念館」です。

金沢の三文豪の一人である秋聲は、金沢に生まれ、四高中退後、尾崎紅葉の門下に入った作家です。自然主義文学運動の中心的存在として活動し、その作品は川端康成をして「小説の名人」と言わしめた筆力とともに、つねに弱者への視点を忘れぬ、庶民の生活に密着した作風が特徴です。代表的な著作として、『新世帯《あらじょたい》』、『黴《かび》』、『爛《ただれ》』、『あらくれ』などが知られ、未完成の『縮図』が絶筆となりました。

帰厚坂

卯辰山にある、鏡花の句碑と秋聲の文学碑

秋聲の作品・資料などにふれたあと、記念館を出て「梅の橋」を渡ると、「鏡花のみち」。左に折れると、鏡花の作品『義血侠血』にある「滝の白糸」の碑が置かれています。「滝の白糸」は六度にわたり映画化され、テレビドラマにもなったほか、舞台でも数多く演じられています。碑の前を通り、アーチ型の天神橋を渡り、卯辰山へと向かいましょう。

卯辰山は、向山《むかいやま》とも夢《む》香山《こうやま》とも呼ばれています。高さ一四一メートルの小さな山ですが、城を見下ろす位置にあることから、江戸時代には庶民の登山は禁止されていました。市民が登れるようになったのは、一四代藩主慶寧が卯辰山開拓をはじめたころからでした。句碑、文学碑、記念碑、顕彰碑など史蹟の数は六〇を超え、日本一の碑林公園と呼ばれました。探訪や研究をすれば、さまざまな発見があることでしょう。

天神橋を渡ってすぐ、「藩主の厚き徳に帰する」という意味から名づけられた帰厚坂《きこうざか》があります。

その坂の上り口に哲学者、西田幾多郎が洗心庵雪門和尚に師事した禅堂跡があり、そのすぐ上に泉鏡花の句碑があります。戦後間《ま》もないころに市民により建てられた句碑には、次のように刻まれています。

はゝこひし　夕山櫻　峯乃松

鏡花の母は卯辰山に葬られています。

帰厚坂を上がり、卯辰山を登りつめたところに、秋聲の文学碑があります。建築家の谷口吉郎氏が設計しました。文学碑は一九四七(昭和二二)年につくられたもので、戦後日本の文学碑の第一号とされ、それまでの歌碑や句碑、詩碑などとは異なったものとなっています。

高さ約二メートル、横約六メートルの土塀が建ち、その前に秋聲の長男、徳田一穂氏の字で「秋聲文学碑」と書かれた高さ一メートルほどの石柱が据えられました。土塀には『現代日本文学全集 第一八篇』(一九二八年)に収められた秋聲の巻頭文が碑文として刻まれました。

書を読まざること三日、面《つら》に洉《あか》を生ずとか昔しの聖《ひじり》は言つたが、読めば読むほど洉のたまることもある。体験が人間に取つて何よりの修養だと云ふことも言はれるが、

徳田秋聲の碑

これも当てにならない。むしろ書物や体験を絶えず片端から切払ひ〳〵するところに人の真実が研《みが》かれる

文学碑の完成にあわせておこなわれた記念講演では、川端康成が「日本の小説は源氏にはじまって、（井原）西鶴に飛び、西鶴から秋聲に飛ぶ」と賛辞を送りました。

幻想の世界を描いた泉鏡花、人間の真実を追い求めた徳田秋聲。二人の深い思索、その生き方、それらの背景にある浅野川と卯辰山界隈の風情《ふぜい》に思いを馳せてください。

卯辰山工芸工房

一九八九（平成元）年、市制施行一〇〇周年を記念し、浅野川を見下ろす卯辰山公園内に「金沢卯辰山工芸工房」が開館しました。城内にあった加賀藩の御細工所《おさいくしょ》を現代に再興しようという理念に基づいたものです。

この工房は、「育てる」、「見せる」、「参加する」を目標に、伝統工芸を継承する作家の育成、工芸作品や資料の常設展示、そして市民工房が開設されています。工房には黒板がありません。机も椅子も、カリキュラムもない。あくまでも自主的で自由な創作の場です。創作に苦しみ、悩み、疲れたときには、地元の作家や金沢美術工芸大学の教授が相談に応じ、ヒントを与えてくれます。

陶芸、漆芸、染、金工、ガラスの五つの工房があり、研修生は三一人、これまでの修了生は二五四人で、外国人も含まれています。また、工房で学ぶ研修生には、三年間、技と芸の人づくり奨励金（第2章）を交付し、修業援助をしています。研修生のうち、入所前から金沢に住んでいた人は全体の一八・一%。これが修了後には四一・七%に増加します。この数字は、研修後も金沢に残って仕事に就くことを示しています。そのために、市内で工房や工芸ショップを開設する場合に支援する仕組みを市が設けています。

研修生や修了生には、全国的な公募展に応募し、高い評価を得る人も少なくありません。新しい発想と現代的な作風、伝統の基本を踏まえながらもそれを超えていくバイタリティ。彼らは、間違いなくまちと文化のエネルギーといえましょう。

7　犀川沿いから寺町台へ

室生犀星記念館

室生犀星は犀川のほとりで生まれ、「美しき川は流れたり　そのほとりに我は住みぬ」と詠《よ》んだ詩人で、のちに作家となり、その犀星の号は、愛した犀川にちなんでいます。

片町から犀川大橋を渡って下流側、生家跡に「室生犀星記念館」があります（地図６）。二〇〇二年の八月一日、犀星の誕生日に開館しました。俳句にはじまり、詩、小説、童話、随筆、評論にわたる犀星の多彩な文学世界にふれることができましょう。小説だけでも『性に目覚める頃』、『あにいもうと』、『かげろふの日記遺文』、『随筆女ひと』、『杏《あんず》つ子』など、多くの名作を残しました。実母を知らない犀星は、ふるさとを「遠きにありて思ふもの」、「帰るところにあるまじや」と詠《よ》みました。とはいえ、犀川や医王山《いおうぜん》、香林坊や用水などが懐かしく書かれたのです。逆境を凌《しの》いだ文学者魂、ふるさとや命に対する慈《いつく》しみなど、人間犀星の生き方に共感を覚える人も少なくないはずです。

室生犀星文学碑

この記念館を出て、犀星が育てられた雨宝院の前から再び犀川大橋を渡り、川沿いの右岸を上流に向かって「犀星のみち」を歩くと、桜橋近くに、低い白壁の塀を背にして犀星の文学碑が建っています。建築家谷口吉郎氏の設計で流《なが》し雛《びな》をかたどった赤御影石《あかみかげいし》のもので、陶板がはめこまれ、小景異情の詩が刻まれています。

小景異情

あんずよ
花着け
地ぞ早やに輝け
あんずよ花着け
あんずよ燃えよ

(抒情《じょじょう》小曲集より)

犀星は、成年した後、東京で暮らし、一九六二(昭和三七)年、東京で逝去しました。いまは、犀星が生涯愛惜《あいせき》した金沢のまちを見下ろす市内の野田山墓地に、妻子とともに眠っています。

石伐坂から寺町台へ

桜橋を渡ると、橋詰めから寺町台に上る坂があります。藩政時代、坂の上に石工《いしく》の町があったことから「石伐坂《いしきりざか》」と名づけられています。別名を「くの字坂」とも「W坂《ダブルざか》」とも言います。W坂は、Wの文字を横にしたようにジグザグの坂であることにちなんで、旧制四高の学生が名づけたといわれます。金沢で学生時代を過ごし、柔道にも励んだ作家の井上靖の小説『北の海』(『井上靖全集 第十九巻』、新潮社、一九九六年)に、このW坂が登場しています。

二人は橋を渡ると、かなり急な坂をじぐざぐに登って行った。
「この坂はW坂というんだ。W字型に折れ曲っているでしょう」(中略)
「腹がへると、何とも言えずきゅうと胃にこたえて来る坂ですよ。あんたも、あしたから、僕の言っていることが嘘でないことが判る。稽古のひどい時には、この辺で足が上らなくなる。なんで四高にはいって、こんなに辛い目にあわなければならぬかと、自然に涙が出て来る」

金沢を訪れた際には、桜橋詰めからの犀川上流や寺町台の眺望とともに、ぜひこの坂を体験してみてください。

松月寺の大桜

石伐坂を上がると寺町台。寺院の並ぶ通りに出ます。この通りを右にいくらか歩くと、通りの左側に、塀を越えて枝がはみ出ている「松月寺《しょうげつじ》の大桜《おおざくら》」が見えてきます。

この樹は、もとは小松城内（現在の石川県小松市）にあったもので、一六四八（慶安元）年、三代藩主利常から当時の和尚が拝領して移植したもので、国の天然記念物に指定されています。ヤマザクラの老樹で推定樹齢三五〇〜四〇〇年、樹高一五メートル、枝張りは東西二〇メートル、南北一七メートルにもおよび、約五センチの花が咲きます。

別称「忍者寺」の妙立寺

松月寺の前を通ると、寺町台の先端近く、旧北国《ほっこく》街道（現在の国道一五七号線）との交差点「野町広小路《ひろこうじ》」に至ります。

この交差点の手前を左に入ると、「忍者寺《にんじゃでら》」の別称で有名な「妙立寺《みょうりゅうじ》」があります。一六四三(寛永二〇)年、三代藩主利常の命により、城内にあった祈願所を移し、造営された日蓮宗の寺です。最上階の望楼、金沢城への地下道ともいわれる横穴をともなった大井戸など、犀川を背にした出城《でじろ》で要塞《ようさい》の役割を持たせたものといわれています。

四階七層、部屋数二三、階段数二九の複雑な構造で、隠し階段、隠し部屋、落とし穴など外敵をあざむく種々な仕掛けが施されています。忍者がいたからではなく、こうした複雑な構造から「忍者寺」と呼ばれているのです。

にし茶屋街

広小路交差点の近くにあるのが、「にし茶屋街」です。

にし茶屋街は「にし」とも呼び、「ひがし」とともに一八二〇(文政三)年に興《おこ》り、明治以降も歓楽街として賑わっていました。しかし、一九七〇年代に入って廃業が相次ぎ、まち並みが壊れてしまい、このため、「ひがし」や「主計町」の茶屋街のように国の重要伝統的建造物群保存地区の選定ができませんでした。それでも出格子の美しい茶屋がいくつか残っており、五軒の茶屋が営業しています。三茶屋街のなかでは芸妓の数が最も多く、活気のみられる茶屋街です。

大正期の天才作家といわれた島田清次郎《しまだせいじろう》は、幼少のころ、ここに住んでいました。小説『地上』の舞台となったその茶屋「吉米楼《よしよねろう》」の跡地には、往時の造りを再現した「金沢市西茶屋資料館」が公開されています。

茶屋街を出て、国道に戻り犀川大橋を渡ると、繁華街の片町、香林坊です。

8　まちを体感して巡る

旧城下の路地裏の魅力

城下町がつくられたころの細い道路は至るところに残り、道路沿いに歴史的建造物がみられます。農地から町人地となった地域では畦道《あぜみち》の形態が残り、また、河岸段丘《かがんだんきゅう》の崖や河川沿いには地形に添う形で道路ができ、複雑に入り組んでいるところもあって、独特の景観をつくっています。

さらに火災による延焼を防ぐため、城下のあちこちに広見《ひろみ》がつくられました。その多くは武家住居、寺院の門前などに配置されました。スクエア(square)とかサークル(circle)に相当する小さな広場的な空間です。

往時は、子どもたちの遊び場でした。夏になると、夕涼みの場となり、縁台を出して碁を打ち将棋を指したほか、盆踊りもおこなわれていました。しかし、いまは、車が通って昔の面影はありません。

路地裏を歩いてみることも、金沢を知るうえで貴重な体験となるでしょう。

便利な移動方法

金沢は昔ながらのまち並みを残している反面、まちなかでは駐車スペースが十分ではありません。ですから、移動にはマイカーより公共交通機関の利用が便利です。金沢駅と繁華街、兼六園を直接結ぶシャトルバスと周辺観光地をループで結ぶ城下まち周遊バスが毎日運行し、まちなか全域をカバーしています。

また、ライトアップスポット一五か所を約三五分で巡る金沢ライトアップバスが、毎週土曜日の夜に運行しています。

一方、公共有料レンタサイクル「まちのり」もおすすめです。市内に一九か所のサイクルポートがあり、どこでも、何度でも自転車の貸し出しと返却が可能です。利用方法などは、ホームページ(http://www.machi-nori.jp/)を、ご覧ください。

ふらっとバス

香林坊、武蔵ヶ辻のメイン・ストリートで、きれいな友禅模様でデザインされた小型バスが走っているのをご覧になれると思います。このバスを「ふらっとバス」と呼んでいます(本章扉写真)。「低床」の「フラット」と、気軽に出かける様子をいう「ぶらり」の金沢弁「ふらぁっと」を掛けて、「ふらっとバス」と名づけて導入しました。全国初の試みです。

市民の買い物などの日常の足としてだけでなく、観光客にもまちを気軽に「ふらぁっと」巡る手段として利用されています。特にお年寄りには喜ばれています。

このバスには、四つのルートを設定しました。一五分間隔で運行し、運賃はワンコイン、大人一〇〇円、子ども五〇円です。狭く複雑に入り組んだ小路や坂道など藩政時代から、いまに残る迷路のような裏町を歩いているかのように、ゆっくり走るのが魅力です。金沢のまちの風情にふれていただけるはずです。

ふらっとバスの導入には訳《わけ》がありました。かねてから金沢のまちには、中心商店街や近江町市場へ公共交通で出かけられない不便な地域があり、課題となっていたのです。

私がイタリアのボローニア大学を訪ね、裏道を歩いていたときです。時速二〇キロくらいで、ゆっくりと走ってくる小型バスを見かけました。親切にもバスを止めてもらい、車内に入りました。まるで居間のようでした。乗客が賑やかに楽しそうに語りあっているではありませんか。とっさに、こんな小型バスを金沢で運行してみたい、そしてまちなかを少しでも元気にしたいと考えたのです。

観光ボランティアの「まいどさん」

金沢は、観光ボランティアの草分けです。そのボランティアの人と会を「まいどさん」といい、これは金沢の方言で「こんにちは」の意味です。ガイドブックに載っていない見所などを金沢弁もまじえて案内しています。

観光客のための休憩館が、ひがしとにしの茶屋街と長町武家屋敷跡の三か所に設置されています。ここには「まいどさん」が常駐していますので、気軽に声をかけてください。

9　金沢の奥座敷

湯涌《ゆわく》温泉は、金沢駅からバスで約四五分、静かな山間《やまあい》にある心癒《いや》される温泉です。開湯一三〇〇年の歴史があり、九軒の旅館が営業しています。

一九一七(大正六)年に詩人で画家の竹久夢二が、「最愛のひと」笠井彦乃と滞在したことから、ここに「金沢湯涌夢二館」を開館し、作品や資料を公開しています。

大正ロマンを代表する、夢二の美人画のモデルとなった妻、岸たまきの故郷が金沢でした。夢二の人間性と芸術にふれてください。

また、温泉街の隣接地に江戸時代の加賀藩を中心とした民家を移築し、「金沢湯涌江戸村」として展示公開しています。国、県、市指定文化財の武家住居、武家門、農家、紙漉《す》き農家、商家、宿場問屋の九棟が並びます。

ちょっと寄り道

「大和・武蔵の内灘沖海戦」

朝鮮半島で戦争が起きたのが、一九五〇(昭和二五)年でした。そのため、アメリカ軍が戦場で使う砲弾の試射場を日本国内に求めてきました。金沢市に隣接し、日本海に面する河北郡内灘村(現在の内灘町)が候補にあがりました。

折しも参議院議員選挙があり、石川県での選挙戦は熾烈《しれつ》を極めました。試射場に反対する立候補者は、当時、片町にあった大和《だいわ》百貨店の社長であり、賛成派の立候補者は、武蔵ケ辻の武蔵百貨店(現在のめいてつ・エムザの前身)の社長で現職の国務大臣でした。結果は反対派が勝ちましたが、世間はこの戦いを、デパートの名と戦時中の巨大戦艦の名を重ねて「大和《やまと》と武蔵の内灘沖海戦」と呼びました。

こんなことがあって、金沢の商圏は、長らく「片町、香林坊地区」と近江町市場を含めた「武蔵ケ辻地区」の二大商圏が拮抗《きっこう》し、競合してきました。しかし、このことが一面、金沢の活力源にもなっていました。

一九六〇年代になって、武蔵ヶ辻再開発事業が実施され、現在のめいてつ・エムザを含むニュースカイビルが完成しました。一方、香林坊地区では、一九八〇年代に香林坊再開発事業が施行され、109ビル、百貨店の大和がキーテナントの香林坊アトリオビルが竣工しました。近年に至り、これら二つの地区に、複合商業施設を核とした「駅前地区」が新たに加わりました。

こうして金沢に三つの商業の核が生まれ、互いにしのぎを削っています。今後は、まちのステータス(社会的地位)をいかに高め、金沢の商圏をどのように広げていくか、北陸新幹線の活用を含め、引き続き多面的な戦略展開が必要でしょう。

第2章

金沢の歴史を歩く

尾山神社にある前田利家像

1　前田利家にはじまる加賀藩

「百姓ノ持チタル國」

いまから約五二〇年前の一四八八（長享二）年、金沢の南部郊外にあった高尾城が、加賀（石川県南部）、能登（石川県北部）、越中（富山県）の二〇万人の民衆に取り囲まれました。加賀一向《いっこう》一揆《いっき》です。門徒の百姓たちが凶作により年貢の免除を訴えても受け入れられず、これが一揆となり、さらに守護大名の勢力と正面から争うことになったのです。攻められた守護大名の富樫政親《とがしまさちか》は自害し、落城しました。

以来、金沢の地は約一〇〇年にわたり「百姓ノ持チタル國」となり、僧、農民による共和国体制が続きます。その理念が親鸞の教えで、自由・平等で戦いのない国、浄土をめざした国でした。金沢の地には、かつて、こんな時代があったのです。

加賀藩の草創期

一五四六(天文一五)年、加賀に御堂《みどう》が建てられ、金沢御堂とも尾山御坊《ごぼう》とも呼ばれていました。この一向一揆の拠点でもあった御堂が、一五八〇(天正八)年、柴田勝家、佐久間盛政《さくまもりまさ》(勝家の甥)によって制圧されました。盛政が在城したのは一五八二年までで、翌年からは藩祖前田利家《としいえ》の居城になりました。

一方、全国各地で、戦国時代が幕を明けていました。織田信長、豊臣秀吉、徳川家康の三人の英傑《えいけつ》をはじめ、各地の勢力が対峙《たいじ》していました。

こんな時代に前田利家は、一五三七(天文六)年(一五三八年ともいわれます)、愛知郡荒子村《あらこむら》(現在の名古屋市中川区荒子)の城主、前田利春《としはる》の四男として生まれました。幼名は犬千代《いぬちよ》、のちに孫四郎、さらに元服して前田又左衛門利家と名乗りました。信長に仕え、その後、一五六〇(永禄三)年の桶狭間《おけはざま》の戦い、一五七五(天正三)年の長篠《ながしの》の戦いなどで武功をたてました。

越前一向一揆を平定した功績から、佐々成政《さっさなりまさ》、不破光治《ふわみつはる》とともに「府中《ふちゅう》三人衆」として、信長から府中(現在の福井県越前市)一〇万石を与えられました。さらに、一五八一(天正九)年、能登一国を与えられて七尾城主となり、二三万石余りを領有する大名となり、北陸での基盤を築きはじめます。織田家譜代の重臣である柴田勝家（越前北ノ庄《きたのしょう》城主、現在の福井市）が北陸方面軍を指揮し、ここに信長の家臣として前田利家、佐々成政、不破光治がいたのです。

勝家は、信長の跡目を継ごうと、近江の国、余呉湖《よごのうみ》のほとり賤ヶ岳《しずがだけ》の戦いで兵を挙げました。秀吉は天下取りのため、これと戦います。敗れた勝家は北ノ庄に立てこもりました。勝家と行動をともにした利家でしたが、秀吉の申し入れに従って秀吉に味方し、勝家は切腹し、果てたのです。

利家は、四女の豪姫《ごう》を秀吉の養女に差し向けるなどして、秀吉から佐久間盛政の旧領、加賀国の二郡を与えられます。そして一五八三（天正一一）年、利家は居城を能登の小丸山《こまるやま》城から加賀の尾山《おやま》城（のちの金沢城）に移し、本格的に城の築造とまちづくりに着手しました。

金沢を代表する祭りの一つで、毎年六月の第一土曜日を中心におこなわれている「金沢百万石まつり」は、初代藩主前田利家の入城を偲《しの》んで開催されています。二〇一四年で六三回を数える、市民総参加の熱気あふれる祭りです。

三日間にわたる行事には、全国各地から観光客が訪れます。メインの「百万石行列」は勇壮な利家公の入城行列を中心に、金沢駅前から金沢城公園へ行進します。最近は、利家やその正室まつに俳優や女優を起用しています。初めて利家公に扮《ふん》したのは、一九八四（昭和五九）年、金沢市生まれの俳優、鹿賀丈史さんでした。百万石行列のほか、一万人が通りを埋めつくす「百万石踊り流し」、兼六園周辺のお茶席でお点前《てまえ》を披露する「百万石茶会」、幽玄な世界を創り出す「百万石薪能《たきぎのう》」などが催され、伝統と文化を彩る一大イベントです。

一方、家康は、一五八四（天正一二）年、小牧《こまき》・長久手《ながくて》で秀吉と戦いました。この戦いでは、

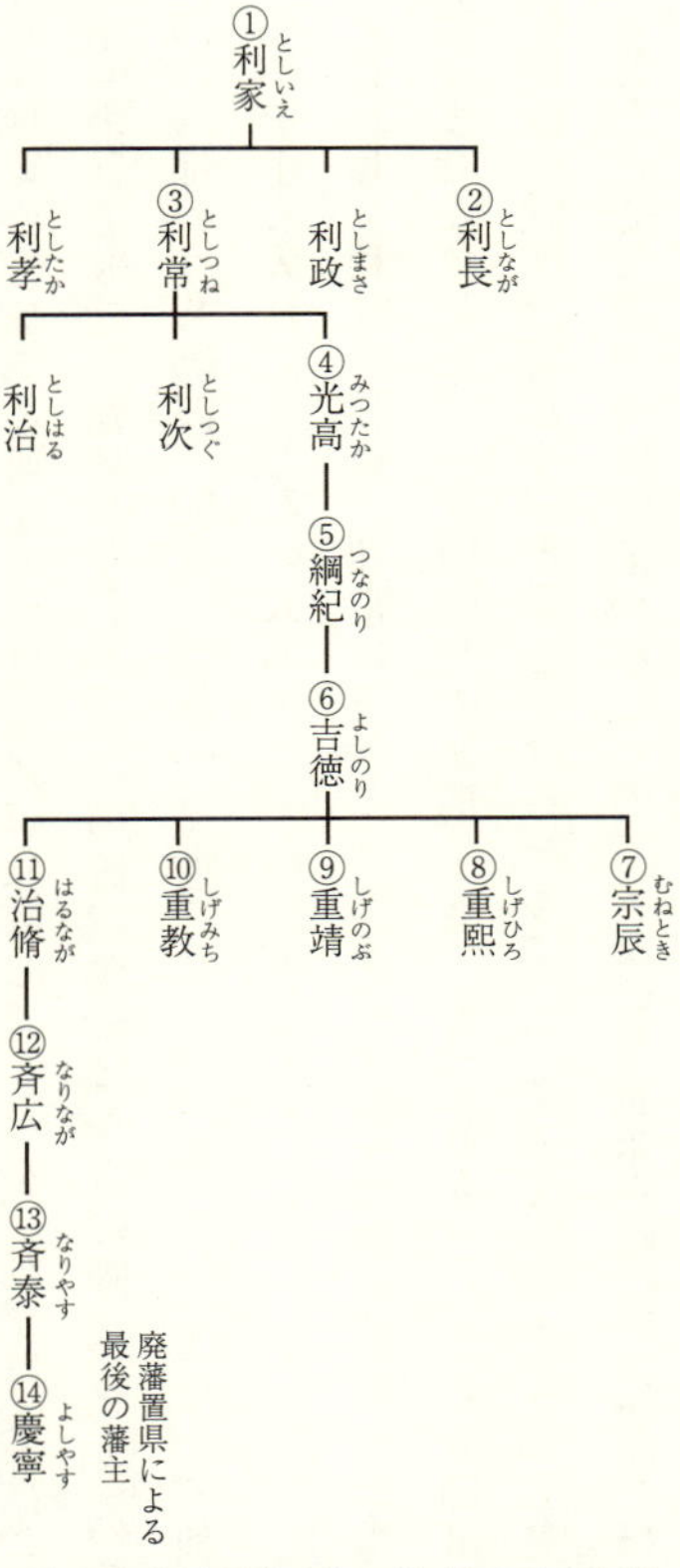

前田家家系図（原谷一郎『百万石物語 加賀藩政と徳川幕府』より）

佐々成政が家康らに呼応して能登国に侵攻しましたが、利家は末森城（現在の石川県羽咋郡宝《はくいぐんほう》達志水町《だつしみずちょう》）で成政を撃破しました。その後、成政は秀吉に降伏し、この功績で、利家は越中国の四郡のうち砺波《となみ》、射水《いみず》、婦負《ねい》の三郡を与えられました。こうして利家は、加賀、能登、越中を手に入れ、百万石の大名となったのです。

しかし、利家、利長《としなが》、利常《としつね》の三代にわたる藩主は、本願寺門徒への警戒心を持ち続けねばなりませんでした。一揆鎮圧時の処刑（死罪、領外追放など）による人口減少もあり、農作物の生産性の低下は著しく、年貢を上げるためには、まず農民の暮らしを安定させる必要がありました。そこで、農民の納めることのできない年貢米を帳消しにしたほか、食料や農具の購入に貸し付けなどがおこなわれました。その一方で、富を与えすぎると働く意欲を失うからと、しっかりと徴税したのです。一揆との戦いは、こうした貧しい農民の救済と年貢納入の徹底を定めた加賀藩の農政改革、「改作仕法《かいさくしほう》」によって、ようやく終わったのです。

二代利長と高山右近

加賀藩の草創期には、キリシタン大名の高山右近《たかやまうこん》の貢献がありました。右近は摂津高山

（現在の大阪府豊能《とよの》郡豊能町高山）に生まれました。若くして洗礼を受け、洗礼名をポルトガル語で「正義の人」を意味する「ジュスト」といい、高槻城主や明石城主になりました。しかし、一五八七（天正一五）年、豊臣秀吉の「バテレン追放令」に従わなかったため追放されました。

利家は、流《る》浪《ろう》の身となった右近の才を惜しみ、秀吉の態度の軟化したころを見計らってとりなし、右近を引き取ったのです。右近は、妻と長男をともなって金沢に来ました。一五八八年のことで、利家が入城して五年目、城は築造の途中でした。

カトリック金沢教会の
高山右近像

最初に住んだところが、現在の金沢21世紀美術館の敷地で、のちに金沢城の西口側の甚右衛門坂下に移ったといわれています。一五九九（慶長四）年、利家は享年六三で世を去りますが、死に臨んで二代利長にあてた訓戒は「右近を大切にするように」でありました。

ところで、右近は利休七哲《りきゅうしちてつ》の一人といわれる茶人で、文人でもありました。右近にとって茶席は真剣な一期《いちご》一会《いちえ》の場であり、ミサの場でもあったのです。一方、利長は利休に茶を学んでおり、こうしたことから、右近は利長の大切な家臣として遇されました。

また右近は戦略と建築手腕にすぐれ、加《か》藤清正《とうきよまさ》、藤堂高虎《とうどうたかとら》などと並んで「築城の名手」と呼ばれていました。城だけでなく、大坂の教会や京都の南蛮寺などの建設にもあたりました。

右近が利長の命を受け、金沢城の築造にかかわるのは、一五九二(文禄元)年の文禄の大改修のころからとみられています。関ヶ原の合戦の直前には、金沢城下の防衛ラインである内《うち》惣構《そうかまえ》の築造と、新丸と呼ばれる大手門一帯の増築工事の指揮をとりました。こうして、対徳川戦を想定したともいわれる右近の城と城下の防衛都市構想が整えられ、金沢の基盤が築かれたのです。

徳川幕府のキリシタン国外追放により、一六一四(慶長一九)年、右近は二六年間住んだ金沢から追われました。そして長崎を経てマニラに逃れ、ここで熱病に冒され、翌年死去しました。

思えば、右近には一向一揆勢力への警戒が必要でした。また、秀吉、家康の禁教令にどう対応すべきか、さぞ悩み続けたことでしょう。しかし右近は、それでもイエス・キリストの教えをみずからの信念として生きたのです。波乱と苦悩の六三年の生涯を、遠い異国の地で終えなければならなかった右近の運命は、まさに数奇《すうき》というほかありません。

2 前田家を支えた女性たち

まつ、永、珠の献身と苦悩

一六世紀の約一〇〇年間は、織田信長、豊臣秀吉、前田利家、徳川家康を中心に、群雄が割拠《かっきょ》した時代でした。とりわけ外様大名である加賀藩主に対する締めつけは厳しく、藩主の身の処し方はむずかしいものでした。政略的な結婚、養子縁組のほか、家族を人質に差し出すことさえおこなわれたのです。こんな情勢のもと、藩祖利家、二代利長、三代利常によって、加賀藩の基盤はほぼ固まったといわれています。

しかし、その陰には、それぞれの藩主正室のまつ、永《えい》、珠《たま》の尽力と貢献がありました。

利家の正室まつは、深い教養を身につけ、秀吉と利家の関係に心をくだくなど賢夫人とし

まつの石碑（尾山神社）

て評価されています。一五九九（慶長四）年、利家が死去し、利長が大坂から領国へ帰ると、家康への謀反《むほん》の風聞《ふうぶん》が広まりました。そして家康が先手を打って、加賀攻めの決意をしたと伝わったのです。驚いた利長が、家康に申し開きをするのですが、家康の出した条件は、まつを人質に差し出すことで謀反する心のないことを示せというものでした。

結局、これを受け入れ、まつは伏見の前田屋敷を発し、江戸に下るのです。そのとき、利長へ次のような内容の伝言を残します。「侍は家をたてることが第一です。私も年老いて、覚悟はできています。母のことを心配して、前田家をつぶすことがあってはなりません。私のことなど切り捨てなさい」（前田綱紀『桑華字苑《そうかじえん》』）。

また、まつは江戸へ向かうときに書き記《しる》した道中記の『東路記《あずまじのき》』のなかで、江戸行きの動機を三つ挙げています。一つは豊臣秀頼のため（天皇のためともいわれる）、二つ目は世の安泰のため、三つ目はわが子のために決心した、といわれています。

豊臣・徳川の狭間《はざま》で、重責を負うことになった長男利長や弟の利政、そして豊臣家の恩顧《おんこ》で他家に嫁いだ娘たちのことを思う母としての感情が推《お》しはかれます。「家のために母を捨てよ」と気丈に振る舞いながら、実はわが子を守りたい一心から江戸に赴《おもむ》いたのでしょう。

まつの人質生活は、一五年間にもおよびました。法名は芳春院《ほうしゅんいん》。京都市の大徳寺芳春院には、まつ、利長、利常の菩提を弔《とむら》う廟所《びょうしょ》があります。

永は、二代利長の正室で、織田信長の四女(五女ともいわれる)です。二〇歳の利長と、永は八歳で結婚しました。二人の仲は良好でしたが、子宝に恵まれませんでした。結局、夫利長の弟利常を養子に迎え、享年五〇で亡くなります。法名は玉泉院《ぎょくせんいん》、菩提所の玉泉寺は市内の野町三丁目にあります。

珠は、三代利常の正室で、徳川二代将軍秀忠の二女。三歳のとき、人質となったまつと引きかえに九歳の利常の許《もと》に輿《こし》入れしました。一五歳で長男を産み、一〇年間に三男五女をもうけました。毎年のように懐妊したこともあって体力が衰えたのでしょう。二四歳で没しました。利常が徳川御三家に次ぐ高い地位を得て、北陸の雄、加賀の前田として残ったのも、徳川家との架け橋になった珠の存在があったからでした。
法名を天徳院《てんとくいん》といい、菩提寺の天徳院は市内の小立野四丁目にあります。

利家とまつの娘たち――豪、与免、千世の運命

利家とまつの間に生まれた女性のうち、四女豪《ごう》は、秀吉の養女になり、岡山城主宇喜多秀《うきたひで》家《いえ》の正室として嫁ぎました。秀家は、秀吉が亡くなったあと、反徳川として関ヶ原の合戦に敗れ、二人の息子とともに八丈島に流され、豪は岡山城に暮らしていた娘や家臣とともに金沢に帰るのでした。

当時の金沢は、キリシタン大名として名高い高山右近が客将として住み、多くの藩士がその影響を受けていた、日本でも有数のキリシタン信者のまちで、豪も家臣とともに洗礼を受けていたと伝えられています。前田家は明治維新まで生活費として八丈島へ米を送り続けましたが、その陰には豪の働きかけがあったといわれています。享年六一で没し、市内の野田山に葬られ、野町二丁目の大蓮寺《だいれんじ》には夫、秀家と豪の供養塔が建てられています。
五女与免《よめ》は、浅野長政《あさのながまさ》の子、幸長《よしなが》と婚約を交わすのですが、輿入れの前に享年一七で没し

ました。前田利家が創建した、前田家代々の菩提寺である市内宝町の宝円寺に葬られています。

七女の千世《ちよ》は、はじめ肥後侯細川忠興《ほそかわただおき》の息子、忠隆《ただたか》に嫁ぎます。関ヶ原の合戦で石田三成が諸侯の妻子を人質にとろうと細川邸を取り囲んだとき、忠興の正室ガラシャが自害しました。その姑に殉じなかった千世は離縁されたのです。金沢に戻って前田家重臣と再婚し、享年六二で亡くなり、市内の野田山に葬られました。

前田家の基礎は、利家、利長と、それを固め、発展させた利常の存在によるものでした。そして、徳川家から珠を迎える一方、娘たちをあちこちに嫁がせることで、前田家は尾張、紀州、水戸の徳川御三家に並ぶ地位を確かなものにしていったのです。

三代利常、五代綱紀、一三代斉泰の文化政策

前田家の藩政は、一八六九(明治二)年の版籍奉還、廃藩置県まで一四代、約二九〇年間続きます。各藩主のうち、文化政策では、三代利常、五代綱紀《つなのり》、一三代斉泰《なりやす》の業績が秀でています。

文武両道の三代利常は、受け継いだ豊富な財源を活かし、早くから藩内の文化と産業の振興に力を傾けました。神社仏閣を造営したほか、和漢の書を集めて学問を奨《すす》めるとともに、京都から工芸家を招いて美術工芸を奨励、振興したのです。さらに、治水事業や新田開発にも取り組み、新しい農業政策を進めました。

五代綱紀は、学問を好み、儒者を招聘《しょうへい》して儒学を振興しました。さまざまな分野の書籍を収集したことから、江戸の儒学者、新井白石をして「加賀は天下の書府なり」と言わしめたほどです。美術工芸の基盤をつくり、「百工比照《ひゃくこうひしょう》」という工芸の標本集を作成したのです。

さらに、茶道を奨めるとともに宝生《ほうしょう》流の能楽を広めました。

一三代斉泰は、学問を愛した能書家でもあり、数多くの漢詩を残しています。その作品は、東京・駒場の尊経閣文庫に所蔵されています。歴代藩主のなかで、最も優雅な風格を備えた文人として知られています。兼六園を林泉廻遊式の大名庭園に造りあげたほか、園内に母のために書院建築の成巽閣《せいそんかく》を築き、そのなかにある煎茶室の三華亭《さんかてい》は名茶室と評されています。

こうした歴代藩主の「武より文」を重視した政策により、絢爛《けんらん》たる加賀文化の花が開き、実を結びました。その文化は、武士から町人へと広がり、着実に庶民の暮らしに根をおろしていったのです。

3　幕末の加賀藩と卯辰山開拓

蘭学の導入

加賀藩は、蘭学の導入に努めた藩のひとつといわれています。一二代藩主斉広《なりなが》が一一代藩主治脩《はるなが》の治療のために、はじめて蘭学医を招いたのが一八〇八(文化五)年のことでした。斉広は、天文や暦学を学び経世家《けいせいか》(経済思想家)であった本多利明《ほんだとしあき》を招いて、西洋情勢の説明を受けています。そして、一八二三(文政六)年、時刻制度の改正をおこなっています。また、一八二五年には、加越能三州の測量と絵図の作製を終えました。

城下では、一八三八(天保九)年、眼科医の松田東英《まつだとうえい》が、眼球の知識を活かして製作した望遠鏡と顕微鏡を、一三代藩主斉泰に献上した記録が残っています。

また、「加賀の平賀源内《ひらがげんない》」とも呼ばれる、からくり師の大野弁吉《おおのべんきち》の技術を受け継いだ写真局が置かれ、写真術が進歩しました。ほかにも弁吉の系譜から、弟子で器械師の米林八十八《よねばやしやそはち》、尾山神社の神門を設計した大工の津田吉之助《つだきちのすけ》、その長男で絹織物の力織機《りきしょくき》を発明した津田米次郎《よねじろう》といった技術者が活躍し、維新期の近代技術の基礎を築いていきました。

養生所をつくり、救済事業も

幕末の加賀藩主は、一四代慶寧《よしやす》でした。浦賀沖にペリーを乗せたアメリカの四隻の船が姿を見せたのが、一八五三(嘉永六)年のこと。加賀藩にはこうした事態に対応するだけの軍事力の準備は十分になく、翌年になって加賀藩最初の洋式兵学校「壮猶館《そうゆうかん》」(跡地は現在の石川県知事公舎)を開校するなど、薩長ほかの諸藩に大きく遅れをとりました。勤皇か倒幕かに揺れた幕末政治の混乱のなかでも、加賀藩では統治が保たれ、脱藩者は一人も出ませんでした。しかし逆にみれば、政局の激動に必ずしも機敏に対応できなかった証《あかし》かもしれません。

封建社会から近代社会への変革期にあたり、慶寧は、徳川方と朝廷方の狭間にあって自立割拠の方針を優先させました。自立割拠とは、幕府権力を抑え、藩の権限を広げるもので、いわば近代化の先駆けであり、現代風にいえば地方分権の政治姿勢でもありました。これには、福沢諭吉の『西洋事情』の影響があったのです。

加賀藩では、西洋の医療や福祉、産業を導入しようとする卯辰山開拓事業が自立割拠の中心でした。

一八六七(慶応三)年、卯辰山に「養生所《ようじょうじょ》」をつくり、この初代の頭取が蘭学医の黒川良安《くろかわまさやす》でした。また、五代藩主綱紀が一六七〇(寛文一〇)年に高齢者や貧しい人のために設けた「御救《おすく》い小屋」を、「撫育所《ぶいくしょ》」として卯辰山に移しました。これら加賀藩の救済事業が廃藩置県後、日本最古の救護施設のひとつといわれる小野太三郎《おのたさぶろう》の「小野慈善院」(第４章)へと受け継がれます。

また、卯辰山の山麓には陶器、漆器、織物などの工場が建てられました。このようにして、卯辰山開拓事業が金沢の近代的な医学、教育、福祉、産業の基《もと》となったのです。しかし、明治政府による政治体制が確立するにつれ、この自立割拠は、しだいに色褪《あ》せていきました。

４　明治維新と市勢の衰退

一八六九(明治二)年の版籍奉還により、全国の大名が支配していた領地と領民を朝廷に返し、加賀藩は金沢藩となり、一八七一年の廃藩置県で金沢県となりました。翌年には、県庁を石川郡美川町（現在の白山《はくさん》市美川南町）に移し、石川県に改称されます。このことがあって、金沢は大きく衰退しました。

加えて維新政府は、国家財政を圧迫していた士族への家禄《かろく》支給を打ち切りました。金沢区では人口の半数が士族だったことから、この打ち切りは士族だけにとどまらず、まちの経済的な衰退につながったのです。

石川県ではさまざまな分野で、産業の振興と再生への試みがおこなわれました。金沢においては、一八七二（明治五）年、区方開拓所が設けられ、のちに石川県勧業試験場になりました。ここで織物や銅器、陶器、漆器などの技術の伝授がなされ、これは、いわば士族授産ともいうべきものでした。

一八七四（明治七）年、武家屋敷に近い長町川岸に金沢製糸場が建てられました。当時の市長、長谷川準也の肝入りによるものでした。世界遺産に登録された富岡製糸場をモデルにしたといわれています。

まちの経済沈滞のなか、長谷川らは市民の精神的な支えになればとの願いを込め、一八七五年、尾山神社の神門を創建したのです。この設計には、製糸場の設計も手掛けた津田吉之助があたりました。

金沢の人口は、一八七一年、一二万三〇〇〇で、東京、大阪、京都に次ぎ、名古屋に並ぶものでした。しかし、市制施行時の一八八九(明治二二)年には、九万四〇〇〇にまで減少し、この傾向は一八九七年まで続いたのです。

5　御細工所と藩校を引き継ぐ

美術工芸王国の誕生

石川県が万国博覧会にはじめて参加したのは、一八七三(明治六)年のウィーン博でした。その後、フィラデルフィア博、パリ博、シカゴ・コロンブス博、セントルイス博や一九一〇(明治四三)年にロンドンで開かれた日英博覧会には、九谷焼、象嵌《ぞうがん》、漆器のほか、刺繡《ししゅう》、羽《は》二重《ぶたえ》などが出品されました。

明治維新で失業した御細工所《おさいくしょ》の職人らを救済するために、授産施設として前に述べた区方開拓所が設けられました。その流れをくむ「金沢銅器会社」の設立が、明治前期の工芸活動に貢献しました。あわせて、一八八七年、金沢工業学校(現在の石川県立工業高等学校)も開校し、力を与えました。

こうした殖産興業的な活動のなかから、工芸家が生まれ、しだいに美術工芸の一品制作がみられるようになったのです。そして、一九二七(昭和二)年の帝国美術院展覧会に美術工芸部門が設けられ、これが石川県の工芸の飛躍につながりました。

第二次世界大戦下の苦悩と沈潜《ちんせん》はあったものの、戦禍を免れた石川県が工芸活動を再開するのは、京都と並んで早いものがありました。一九四五年八月一五日に戦争が終結した直後に石川県美術文化協会が設立され、なんと終戦からわずか二か月後には、第一回現代美術展が開催されています。

一方、金沢市にあっては、一九四六(昭和二一)年、金澤美術工藝《こうげい》専門學校が開校しました。その後、現在の金沢美術工芸大学へと発展しましたが、いずれの名称にも「芸術」ではなく「工芸」の二文字が入っています。これは、金沢市が伝統とするものづくりへのこだわりと、市民の熱い思いによるものです。

これらを基盤にして、その後、第1章で述べた文化勲章受章者のほか、人間国宝に大場《おおば》松魚《しょうぎょ》（漆芸）、赤地友哉《あかじゆうさい》（漆芸）、寺井直次《てらいなおじ》（漆芸）、氷見晃堂《ひみこうどう》（木工）、魚住為楽《うおずみいらく》（銅鑼）、中川衛《なかがわまもる》（彫金）、木村雨山《きむらうざん》（染織）、羽田登喜男《はたときお》（染織）、二塚長生《ふたつかおさお》（染織）、灰外達夫《はいそとたつお》（木工）を輩出していま す。豊饒《ほうじょう》な美術工芸の土壌は、明治期以降の金沢工業学校や金沢美術工芸大学の系譜によるところが大きいのです。

金沢大学への道程

一一代藩主治脩《はるなが》は、一七九二（寛政四）年、学問を主とする明倫堂《めいりんどう》と武芸を主とする経武館《けいぶかん》の二校を創設し、文武教育を実施しました。二校は、兼六園の南側、金沢神社や金城霊澤に隣接する現在の梅林のあたりにあったとされています。いずれも藩臣とその子弟に武士の教育をおこなったものでした。のちに、現在の石川四高記念文化交流館のあたりに移転しますが、幕末期からの洋学導入にともない、一八七〇（明治三）年に閉校になりました。

そして一八七二年の「学制」から近代学校制度がはじまり、江戸時代からの寺子屋も姿を消しました。

一方、金沢の「学都」としての起源は一五〇年前にさかのぼります。一八六二(文久二)年、加賀藩公認の種痘所開設がそのはじまりです。一八七〇年、金沢医学館が設置され、一九二三(大正一二)年の金沢医科大学を経て、現在の金沢大学医学部へと引き継がれました。国立大学医学部の起源としては、長崎大学、東京大学に次いで三番目に古いことになります。

維新の流れに乗り遅れた石川県は、殖産興業にあわせ、特に教育に力を注ぎました。一八七七(明治一〇)年の小学校就学率は五五%で、全国平均の三九%を上まわり、全国第四位でした。

明治初期には金沢医学館の基礎教育のための理化学校、英仏学校などが設けられました。石川県中学師範学校の開校を経て、一八八一(明治一四)年に石川県専門学校(旧制第四高等学校の前身)となり、哲学者の西田幾多郎、仏教哲学者の鈴木大拙らを輩出したのです。ここで、質実剛健といわれる四高精神の基礎を築き、西田や鈴木を教えたのが、教育者で数学者、のちに学習院院長ともなる金沢市出身の北条時敬《ほうじょうときゆき》でした。「生まれながらの禅者」ともいわれ、西田との師弟関係は深い宗教観によって結ばれたのです。

一八八七年には、第四高等中学校と第四高等中学校医学部が設置されました。この系譜から、戦前の研究者・技術者には、地軸変動の研究者であり、Z項の発見で第一回恩賜賞を受賞した木村榮《きむらひさし》がいます。また、雪や氷の研究で世界的に知られる中谷宇吉郎《なかやうきちろう》、日本統治時代の台湾で最重要の水利工事を完成させ、「台湾嘉南大圳《たいわんかなんたいしゅう》の父」といわれる八田與一《はったよいち》を生んでいます。

また、人文系では、作家の徳田秋聲、井上靖、中野重治、高橋治らを輩出しています。さらに戦後にあっても、植物学の藤井健次郎、建築の谷口吉郎ら多士済々です。

戦後、一九四九(昭和二四)年に第四高等学校は金沢大学となり、明治以降、陸軍第九師団本部や第七歩兵連隊の駐屯地として利用されてきた金沢城跡をキャンパスにしました。そののち、総合大学院構想の具体化のため、郊外に総合移転が進められ、この事業が終わったのは一九九四(平成六)年でした。

二〇〇六年に全線供用開始となった外環状道路山側幹線には、金沢大学の新キャンパスがあるほか、北陸先端科学技術大学院大学、石川県立大学、金沢美術工芸大学、金沢工業大学など一八の高等教育機関が数珠《じゅず》つなぎに立地しています。

これだけ多数の学問の府が環状道路に沿って帯状につながっている地域は、全国的にも例がないでしょう。

金沢は、まさに学術の山脈によって囲まれた学都です。外環状道路は、アカデミックロードとでもいうべきもの。この内側の市域全体が、ひとつのキャンパスです。ここに国内外の頭脳、すなわち知的人材が集うにふさわしい教育と生活の環境を整えていくことが、行政と市民の責任なのです。

6 明治・大正期にみる金沢の先見性

全国で唯一、市が発電事業を経営

幕末において、加賀藩は蘭学の導入に熱心でした。一方、洋式兵学校「壮猶館」で学んだ芝木《しばき》昌平《しょうへい》(一八三四〜一八九三年)によって、一八六九(明治二)年に国内ではじめて米国の原書が翻訳、出版されたといわれています。加賀藩が外国語の書籍を集め、壮猶館で人材を育成したことを示しています。そして、大野弁吉の流れをひく器械師や奇物《きぶつ》師によって、ものづくりや科学技術の面で進取《しんしゅ》の気象に富んだ取り組みがおこなわれたのです。

このような時代背景のもと、金沢市の発電事業は、実業家の森下八左衛門が一八八九(明治二二)年に金沢電灯会社の設立認可を申請したことにはじまります。しかし、当時の金沢市長が市営事業を希望したことから、この会社の設立は実現しませんでした。代わって、市営による水力発電事業が認可されたのは一八九六年のことでした。

ところが市政の混乱があって、市長は事業を民間に移すことを決意し、事業権を譲渡したのです。翌年、金沢電気株式会社として設立が認可されました。

市内を流れる犀川水系を利用した水力発電所の運転により、一九〇〇年に営業送電を開始。家庭に電灯がついたのです。

これは当時として、画期的な出来事でした。その後、株主総会で市域外(現在の白山市)の手取川の発電計画と瓦斯《ガス》供給事業の拡張が認められ、社名を金沢電気瓦斯株式会社に改めたほか、手取川水系の発電所が完成しました。

一九二〇(大正九)年、経済恐慌に直面して、金沢市長は再度、電気事業の市営化に向けて買収交渉を開始しました。内務大臣から金沢市営電気事業が認可されたのが、翌年のことでした。

昭和に入ると、戦時下の電力を国の管理下に置くため、一九四一(昭和一六)年八月三〇日に配電統制令が公布され、即日施行されました。翌年、金沢市はやむなく電気事業設備を北陸配電株式会社(現在の北陸電力)に出資し、経営を廃止しました。

全国的には、統合により九つの配電株式会社が設立されたのです。金沢市は、電気事業設備等の評価額に見合う株券と現金を同社から受け取り、北陸配電株式会社の大株主となりました。

戦後の一九四六(昭和二一)年のこと。東京都議会が統合に反対する趣旨の「配電事業移管ニ関スル意見書」を満場一致で可決しました。その翌年、配電事業都市移管期成連絡委員会が組織され、これが電気事業公営移管運動のはじまりとなります。

そして一九四九年、一八県都市による公営電気事業復元県都市会議の結成へとつながったのです。

この県都市会議は、「戦時中、その意に反して強制的に、しかも適正ならざる評価により統合せしめられた」と主張し、一方、電力会社は、「統合時に完全な対価を支払って所有権を取得しており、復元はあり得ない」と反論し、相容れませんでした。通産省を巻きこんで、激しく執拗な復元運動が続きましたが、通産省は「現物復元は認められない。当事者間の個々の話し合いによる解決は是認する」との態度に終始しました。

このような経緯があって、電力会社と地方公共団体との間で個別の交渉がおこなわれ、しだいに交渉の成立を見るようになりました。

金沢市にあっては、一九六二(昭和三七)年に成立しました。その内容は、北陸電力が金沢市に対し、観光会館(現在の金沢歌劇座)建設事業に協力するというものでした。

一方、一九五七(昭和三二)年、市内を流れる犀川水系の総合開発計画が、国と市総合建設審議会で了承されました。ダム建設工事は、金沢市が石川県から委託を受けて施工し、発電、上水道、工業用水道の事業は、金沢市が直営で実施することに決定したのです。ダムの起工式は一九六二年におこなわれ、三年を経て完成しました。

現在、犀川水系に五つの発電所が稼働し、その最大出力は合計三万三〇三〇キロワット。発電した電気は、北陸電力株式会社に卸売りされ、二〇二六年三月末までの電力需給基本契約が金沢市と同社との間で締結されています。現在、市が発電事業を経営しているのは、全国で唯一、金沢市だけなのです。

今日まで、市議会では、いくたびか電気事業の民間譲渡の意見が出ました。しかし、市長だった私は、民間への譲渡に反対でした。経営上の問題はまったくなく、むしろ市民の暮しにかかわる電力事業の経営主体として、小規模ながらも公共の使命を忠実に果たしていくことが金沢市の責任と考えたからです。

法定外普通税の先駆け

二〇〇〇年に地方分権一括法が施行されました。自治体の裁量の余地が一気に広がったのです。また、法定外普通税の許可制度が事前協議制へと見直され、新たに「法定外目的税」が導入されました。これは「歳入の自治」の回復を意図したものでした。

しかし、金沢市では、驚くべきことに、九〇年前に法定外普通税の新設がおこなわれていたのです。

この法定外普通税とは「遊興税」のことです。一九一九(大正八)年に金沢市で新設されて以来、全国的に普及したのです(丸山高満『日本地方税制史』)。一九一四年にはじまった第一次世界大戦の後半から末期にかけて、急激なインフレを招き、物価と賃金が高騰し、市の財源確保が必要となったためでした。当時は、内務・大蔵両大臣の許可を経たうえで、市町村が法定税目以外の税である特別税を課すことが認められていました。金沢市は、全国に例のない遊興税を提案したのです。

条例案では「市内ノ料理店、貸席、貸座敷等ニ於テ飲食ヲ爲シ、又ハ芸妓酌人等ヲ招聘シテ遊興スル爲、消費ヲ爲ス者ニ対シ之ヲ賦課ス」とされていました。

しかし、課税される実業組合連合会や料理営業組合が反対し、批判的な意見書や議案の撤回を要請する陳情が相次ぎ、芸妓を呼んで飲食、遊興するときに限定することになり、「市内ニ於ケル料理店、貸席、貸座敷等ニテ芸娼妓ヲ招聘シテ飲食又ハ遊興ヲ爲シ、金員ヲ消費セシ者」と修正されたほか、課税免除の対象となる消費金額を一円未満から二円未満に引き上げられ可決されました。

この結果、課税対象は当初想定した範囲より著しく狭くなり、実際の徴収額は市税全体の数%にしかならなかったのです。財源難を解決する決め手には、とうてい成り得ず、結局、一九二二年に廃止されました。

なお、金沢市で遊興税が導入されたのち、内務省地方局長から地方長官あてに「遊興税の件通牒（通達の旧称）」が出され、金沢市にならい遊興税を導入する都市も現れました。遊興税そのものは、一九三九（昭和一四）年に国に移管され、いまでは目的税となっています。結果はともかく、税目を新設することのむずかしさを十二分に承知しながら、あえて挑んだ金沢市の実践は評価されてよいでしょうし、自立への気骨ある姿勢はいつになっても見習わなければなりません。

7　金沢は歴史に責任を持つべきまち

むずかしくとも辛くとも

私は、金沢が「歴史に責任を持つべきまちである」と語ってきました。しかし、「歴史に責任を持つ」とは、どんなことなのでしょうか。

城下のまち並みは、極力守りたい。とはいえ、まちの開発・近代化も必要です。そうだとしたら、この矛盾するテーマにどう応えるか。まち並みを守ることで「過去・現在を残すべき」か、いや開発・近代化によって「未来を創るべき」か、それとも、むしろ「この二者択一であるべき」か——。

これらは、金沢の、まさに宿命的ともいうべき課題です。

まちづくりの基本方針として「保存と開発の調和」を掲げてきました。ここでの調和とは、あらためてどんなことでしょう。

私は、「保存すべき区域」と「開発・近代化すべき区域」を峻別《しゅんべつ》し、混同しないことが「調和」であると考えます。しかし、そうはいっても、実際に「保存する」ことは、「開発・近代化する」ことより、はるかにむずかしいのです。だから保存にかかわる一つひとつの案件に、住民の理解を求めながら、ていねいに根気よく向きあい、これを解決していく。このことが「歴史に責任を持つ」ことの意味でしょう。

金沢に固有の文化のあり方に関しても、このことはあてはまります。「伝統固守」か「革新」か、この「二者択一」か——。

私は、「伝統に創造の営みを」と語ってきました。そうであれば、伝統にどんな価値を、どのように付加していけばいいのか。これも金沢にとって、まさに宿命的ともいうべき課題です。

むずかしく、辛くとも、一つひとつと真剣に向きあい、これを確実に克服していく。「歴史に責任を持つ」とは、こういうことでありましょう。

東山ひがし地区と主計町地区を重伝建地区に

金沢のまち並みを保存するにあたっては、国の重要伝統的建造物群保存地区(重伝建地区)の選定、文化財指定、史跡・名勝指定、文化的景観の選定と、これらを保全することが重要です。

茶屋街の「東山ひがし地区」一・八ヘクタールが、二〇〇一年に重伝建地区に選定されました。選定されると、建物の保存に責任が生じる反面、修繕などに財政的な支援が受けられることになります。

しかし、この選定には反対意見もありました。反対の理由は、選定されれば「資産価値が下がる」、「暮らしがのぞかれる」、「建物の造作《ぞうさく》が自在にできなくなる」などでした。そのため、文化資産としての価値と保存の必要性を、時間をかけて市から説明し、住民の理解をいただいたのです。そのためには四半世紀におよぶ歳月が必要でした。

次いで、二〇〇八年、同じ茶屋街の「主計町《かずえまち》地区」〇・六ヘクタールが選定されました。

卯辰山麓地区と寺町台地区を重伝建地区に

さらに二〇一一年、寺社と町家《まちや》が混在して集落をなす「卯辰山麓《うたつさんろく》地区」二二・一ヘクタールが重伝建地区に選定されました。

こんなことがありました。寺の参道修景工事をしているとき、近畿大学教授の桜井敏雄氏から、「駄目です、参道の原形を壊してしまって。元に戻してください」と厳しくたしなめられたのです。

市の職員にしてみれば「参道の石段が傷んだから、コンクリートで固めて、歩きやすくした」つもりだったのですが、文化遺産としての参道と一般道路との区別を理解していなかったのです。コンクリートを掘り返したら、昔の越前石《えちぜんいし》が姿を現したので、傷んだ部分を修理して、元どおりにしました。

さらに、二〇一二年、犀川の外に防衛戦略上集められた寺院群と町家が街道に沿って並ぶ「寺町台地区」二二ヘクタールが重伝建地区に選定されました。

こまちなみを保存する

まちなかに四つの選定地区を持つ都市は、全国でも金沢のほかには、京都と萩しかありません。

しかし、まちの風情《ふぜい》を醸《かも》しているのは、これらの地区だけではありません。市が独自に指定した古くからの小さなまち並みが、数多くあります。

「古」と「小」をかけて、ひら仮名にした「金沢市こまちなみ保存条例」を一九九四(平成六)年に制定し、まち並みを残しました。広坂や香林坊に近い里見町《さとみちょう》など、武士系と町家系の一〇地域が指定されています。区域の特徴に応じた保存基準を定めて建物の保存を図り、改築や修繕費用に助成をおこなっています。

らず重要です。

文化の危機管理——歴史文化資料を積極的に保存

歴史的な建造物や構造物の維持や保存はもちろんのこと、歴史文化資料の保存と管理も劣らず重要です。

前田土佐守家に伝わる古文書《こもんじょ》などのほか、能楽資料、作家の生原稿や初版本など市内にある歴史文化資料の収集、保存、管理を、金沢市は積極的におこなってきました。文化の危機管理に役立つと考えたからです。

これらの資料を公開し、教育・研究に役立てていくとともに、国や県とも協議し、常に文化財指定の可能性を探っていくことが、これからの金沢市の責任でありましょう。

職人大学校の瓦の研修現場

職人大学校で匠の技づくり

金沢の歴史的建造物や構造物の復元・修理、歴史的風

職人大学校で造園を学ぶ

致の維持や文化的景観の保全には、建築系の職人たちの仕事がとりわけ重要です。

たとえば、神社、仏閣の屋根は反《そ》り返っており、平板ではありません。また、茶室の造作は、茶道の流儀を知ってこそ可能です。それなのに、高度な匠《たくみ》の技を受け継ぐ職人はわずかしかいないのが現状です。

技を教えて伝えるのは、「いましかない」と、私は危機感を持ちました。そして一九九六(平成八)年に、まちなかの旧大和《だいわ》紡績《ぼうせき》金沢工場の跡地に、市の主導で「金沢職人大学校」を開校しました。

ここで学べる技術は大工、建具、瓦、板金、畳、左官、表具、石工、造園の九業種です。それぞれの組合の出資による社団法人が、運営にあたっています。

各業種の定員は、大工一〇人、そのほかは五人ずつの約五〇人で、研修期間は三年間。基本的な技能を習得している、おおむね三〇歳から五〇歳の職人が対象です。各業種組合の推薦が必要ですが、受講料は無料で、市内在住の技能保存者が指導しています。最近では女性の比率も上がり、研修を受けています。

昼は働き、週に一日、夜間に研修を受ける仕組みで、本科の修了後には引き続き修復専攻科に進む人もいます。

研修生は、真剣かつ熱心に取り組んでいます。「一生懸命に勉強している。だから仕事がほしい」。それだけに、磨いた技を活かす機会と場所を提供することは、金沢市の責任です。

城趾で石川県が進める金沢城復元事業に参画する人がいるのは、いうまでもありません。市内の寺社などの建造物や構造物の修復に従事する人もいます。今後は、市内にある町家の再生活用や文化的景観の保全が課題で、そんな仕事に携わり、あわせて、ほかのまちの歴史的建造物などの修復にもかかわってほしいのです。

職人は饒舌《じょうぜつ》を好みません。ひたむきに働きます。家を建てさせてもらった大工は、建て主の気に入られると、家の修理一切を任されます。人に信用されれば、その人にトコトン応えるのが職人です。職人とは、生き方なのです。行動と姿で示す人たちです。いまの日本の社会に、最も求められていることではないでしょうか。

伝統芸能の後継者育成

高い水準にある金沢の伝統芸能にあっては、修業のあり方などから、後継者難が悩みです。そこで金沢市は、一九八九（平成元）年に「金沢の技と芸の人づくり奨励金」の交付制度を創設し、伝統芸能の伝習者に月額二万円を三年間交付することにしました。

また、伝統芸能では子どものころからの修業が大切です。二〇〇二年、「加賀宝生《かがほうしょう》子ども塾」を開き、続いて「金沢素囃子《すばやし》子ども塾」を設けました。素囃子とは、笛、小鼓《こづつみ》、太鼓、大鼓《おおかわ》の囃子方《はやし》（鳴りもの）と三味線だけで、立ち方（踊り手）のない芸です。「加賀宝生」と「金沢素囃子」は、ともに金沢市の指定文化財となっています。

さらに、「工芸子ども塾」と「茶道子ども塾」も開講しました。いずれも、定員は二〇〜三〇名、修業年限は二年間で、授業料は無料です。講師陣の熱心な指導もあって子どもたちの上達も早く、研修が終わった子どもたちは指導者と新たな師弟関係を結び、引き続き精進を続けています。

茶屋文化を継承したい

重要伝統的建造物群保存地区を含む茶屋街は、茶屋文化にふれるところ。茶屋の芸妓《げいぎ》は文化なのです。

金沢には、「ひがし」、「にし」、「主計町《かずえまち》」の三つの茶屋街があります。三つの茶屋街の茶屋数は一七軒。芸妓数は、一九四四(昭和一九)年に二八二人でしたが、いまは四八人と大きく減りました。ライフスタイルの変化、長引く不況による客の減少などが原因です。金沢市は、技と芸の人づくり奨励金の交付や新人芸妓に稽古代を助成するなど、後継者の確保と育成をおこなっています。ここへきて、大学卒や県外からの芸妓志望者がみられるようになりました。近年、石川県も支援策を講じています。

芸妓になるには、囃子や舞踊などの芸ごとの習得が必須です。女将《おかみ》と芸妓は、強い絆で結ばれ、自分の衣装を若い芸妓に譲り与える女将もあるようです。芸と暮らしを通じて、両者の関係は、親子関係に近いともいえましょう。厳しい稽古に耐えて磨き抜かれた芸、あでやかな着物姿、客をもてなす所作《しょさ》、言葉づかい、これらすべてが金沢の文化そのものです。

「一見《いちげん》さんお断り」とはいっても、なじみの客を通じ、あるいは料亭、旅館、ホテルを介して頼めば、決してむずかしいことではありません。お座敷の敷居はできるだけ低くする、さりとて芸は芸妓の命。これがいつであっても変わらぬ、いや変えてはならない茶屋文化の真髄《しんずい》なのです。

各茶屋街の料亭組合では、イベントの開催など誘客を図る自助努力が続けられています。茶屋街では、芸妓の「お稽古風景見学会」が、毎年七月から八月の土曜日を中心に開催されています。定員は毎回三〇名程度で、無料ですが事前の申し込みが必要です。

また、「金沢芸妓のほんものの芸にふれる旅」というイベントが開かれています。六月、九月から一二月、二月、三月の土曜日の午後一時から二時半まで。お座敷太鼓などの茶屋体験ができます。参加費用は、一名三〇〇〇円です。

これらのほか、三茶屋街では夏祭りがおこなわれています。気軽に料理と芸を楽しみながら、お茶屋を身近に知ってもらう趣向です。開催日などの詳細は、金沢市観光協会または金沢伝統芸能振興協同組合へお問い合わせください。

8　旧町名の復活も

銭屋五兵衛にゆかりの町名が消えた

金沢市の海岸部に金石《かないわ》という港町があります。からくり師大野弁吉が住んでいた大野町の隣町で、古くは宮腰《みやのこし》と呼ばれ、弁吉を援助したといわれる豪商銭屋五兵衛《ぜにやごへえ》(一七七三〜一八五二年)が住んでいたことで知られています。五兵衛は、会津、津軽、南部との交易、北前船《きたまえぶね》の買い積み商売のほか、加賀藩と組み、藩営海運にも取り組みました。「海の百万石」ともいわれた海商華やかなりしころの名残は、町名に残されていました。

金石御塩蔵町《おしおぐらまち》、金石鉄砲町、金石御船町《おふねまち》や金石松前町、金石新潟町、金石上・下越前町がありました。しかし、これらがすべて消えて、代わりにできたのが、金石東〇丁目、金石西〇丁目、金石北〇丁目でした。歴史の証人であり、また文化財でもあった町名が消え去ったのは、住居表示整備事業によるものでした。

一九六二(昭和三七)年に、「住居表示に関する法律」が制定され、当時の自治省から金沢市が住居表示整備実験都市に指定されました。対象区域は、旧城下の地区と海岸部の金石町でした。

住居表示とは、まちを効率的、合理的に仕組んで運営していくための方便でした。つまり、道路に沿い、あるいは街区を設けて、順に住居の位置番号をつけ、郵便配達などに便利にしようと、まちなかの町割りや町名が変えられたのです。関係官公庁、学識経験者から成る審議会が設けられ、町割りや町名案について協議されました。

歴史破壊の町名変更に住民が反対

町名を変えることについて、特にまちなかの地域住民から反対意見が出ました。反対した町のなかには、市場のある近江町《おうみちょう》や隣接の十間町《じっけんまち》などがありました。

近江町市場は約二九〇年の歴史を持ち、十間町は往時の道路の幅員《ふくいん》を示し、いまでもゆったりと風格の漂う町です。ほかにも、藩士里見《さとみ》氏の屋敷があったところで、いまもこまちなみが残る里見町《さとみちょう》などは、いずれも住民には誇らしく、歴史と文化を映した町名を変えることを譲れなかったのです。

新しくできた町名は、平和町○丁目、丸の内、東山○丁目、昭和町などで、全国のどこにでもある町名でした。八年の歳月をかけて市内六四〇町のうち、町名が消えたのが六二三町、代わって新たに町名がついたのが一四七町でした。

消え去った由緒ある町名の一部を例示しましょう。

風景の見える桜木小路《さくらぎしょうじ》、笹下町《ささかまち》、銀杏町《ぎんなんまち》、柿木町《かきのきまち》、流れが聞こえる小川町《おがわちょう》、百々女木町《どどめきちょう》、地形がわかる七曲《ななまが》りなどの町名がなくなりました。住む人の生業《なりわい》を示していた塩屋町《しおやまち》、木町《きまち》、金屋町《かなやちょう》、白銀町《しろがねちょう》、石屋小路《いしやしょうじ》などもなくなってしまいました。

武家社会の様子がうかがえた本多町、尾張町、大手町など残ったものもありましたが、殿町《とのまち》、早道町《はやみちまち》、伝馬町《てんままち》、大衆免《だいじゅめ》、御仲間町《おちゅうげんまち》、御歩町《おかちまち》、馬場崎町《ばばさきちょう》などが消えました。

一部で旧町名が復活

「これではいけない」と、旧町名に戻すことについて、一九九七年(平成九)年、当時の自治省に打診したところ、別段、異論はありませんでした。

しかし、住民の間では、住居表示を実施してすでに三〇年余りが経ち、「いまさらなぜ」

という消極論が多勢でした。「いいことだ」と復活を希望する人もいました。ほかに「表札を取り替えるのが面倒」とか「法人登記を改めるのに費用がかかる」などの理由からの反対意見がありました。そこで、経費の一部を市が支援することにしたのです。

まず復活に向けて、世帯数の少ない町を取りあげました。富田主計《とだかずえ》という侍の屋敷があった主計町《かずえまち》です。幸い住民の理解があって、尾張町二丁目から復活することができました。続いて下石引町《しもいしびきまち》、飛梅町《とびうめちょう》、木倉町《きぐらまち》、柿木畠《かきのきばたけ》、六枚町《ろくまいまち》、並木町《なみきまち》、袋町《ふくろまち》、南町《みなみちょう》、下新町《しもしんちょう》、上堤町《かみつつみちょう》と、これら一一の町で歴史のある町名の復活が実現したのです。

下新町は、泉鏡花の生誕地です。隣接して茶屋街の主計町があります。

下石引町は、金沢城の石垣を築くための石を曳《ひ》いて運んだ道筋でした。隣接する飛梅町は、藩の老臣の下屋敷があったところで、その家紋「角《かく》の内梅輪《うちばいりん》」にちなんで名づけられていました。いずれも城下を偲ばせる町名です。毎年秋には、兼六園へ連なる小立野台で「御山《おやま》まつり」がおこなわれます。この祭りでは、神輿《みこし》を担ぎ、大石を曳く子どもたちと大人の行列が元気に通りを練《ね》り歩くのです。

柿木畠は、加賀藩のころに柿の木が植えられ、火除地《ひよけち》とされていました。万葉集で名高い柿本人麻呂《かきのもとのひとまろ》をもじり「柿の木のもとでは火が止まる」にあやかったといわれています。旧町名復活をきっかけに、柿の木を植え、祭りが生まれ、商店街が活気づきました。

木倉町や袋町でも、お祭りや朝市が開催され、商店街が賑やかになりました。また、国道筋の南町や上堤町では企業どうしの連携が強まり、集客力の向上とまちのイメージアップに貢献しています。さらに、六枚町では美しいまちづくり運動が、並木町では浅野川の清掃活動がはじまり、住民の絆が強まってきました。

泉鏡花生誕の地，下新町のまち並み

金沢市が、なぜこれほどまでに旧町名の復活にこだわったのか。それは、単なるノスタルジーからではありません。旧町名の復活を通して、「自分たちの住んでいる町は、こんなにすばらしい、由緒あるところなんだ」、だから「誇りを持とう」、そして「お互いに力をあわせよう」、さらに「もっとよいまちにしていこう」となったら、こんなにすばらしいことはありません。

強い絆のコミュニティは、防災にも強いのです。災害時の対応、子どもや高齢者などの社会的弱者の支援にも、旧町名の復活による住民の絆が活かされてほしいのです。

ちょっと寄り道

辰巳用水のトンネルに入る

国の史跡に指定されている辰巳用水は、三代藩主利常のときにつくられました。この用水の上流部の約四キロメートルはトンネル（隧道《ずいどう》）になっています（六ページの写真参照）。トンネルには、兼六園内の導水路を清掃する際など、通水を休止する日でないと入ることができません。

胸まである胴長靴を履いて入ったときのことです。膝の高さくらいまで水が残っていて、淵《ふち》のような深い所もありました。魚もいるのでしょうが、ほの暗くて見えません。トンネル工事をしたツルハシやノミの跡が、天井に刻まれていました。作業の出入りや土砂の搬出などに使った横穴が、一三九か所も認められています。また、明かり用の土器《かわらけ》を置いた痕跡が、水路の両側に約二メートル間隔でありました。

約三八〇年も前の先人の苦労が偲ばれ、感極まりました。

地上の木が根をのばし、トンネルの天井が壊れ、修理されていました。この工事のほか、水路に溜まった土砂やごみを取り除く工事（「江《え》ざらい」、「いざらい」という）は、地元の水利組合に任されています。しかし、近年、耕地が減り、組合員の減少や高齢化で組合の維持自体もむずかしくなっています。用水の公益性から、行政の支援は欠かせません。

ところで、辰巳用水土地改良区が所蔵する「明治九年辰巳養水路分間絵図」には、「用水」ではなく「養水」と書かれています。水は自然と人間を養い、命あるものの根源であるとの意味でしょう。

命を養う水の恵みに感謝し、水を汚さないこと、用水に蓋をして駐車場に使うことなどのないように、そして、水を無駄にせず、水を守り育む努力を怠ってはならないのです。

第3章
職人のまちを歩く

工芸品を生む手仕事(秋友美穂さん)

1　歴史に息づく手仕事

金澤老舗百年會

金沢に「金澤老舗百年會」という有志企業の会があります。暖簾《のれん》を受け継ぎ、商いとまちの繁栄をめざして五七企業が参加しています。いずれも一五〇〇年代から一八〇〇年代に創業した老舗企業です。そのうち、伝統工芸、仏壇・仏具の製造、料亭、旅館のほか、酒、醤油、豆腐、麩《ふ》、和菓子などの製造にかかわる企業が、全体の六四%を占めています。金沢が古くから、ものづくりや手仕事のまちであったことがわかります。

たとえば、一五七九(天正七)年に創業した木倉《きぐら》やは小間物屋で、四三〇年の歴史を誇ります。ほかに、大樋《おおひ》焼《やき》の大樋《おおひ》長左衛門《ちょうざえもん》窯《かま》、飛脚からはじまった料亭旅館の浅田屋は、ともに創業以来約三五〇年の老舗です。これらに酒造の福光屋とやちや酒造《しゅぞう》、刀の鍔《つば》職人が興《おこ》した料亭のつば甚《じん》、漆芸の能作《のさく》などがあります。

城内にあった御細工所

二代藩主利長のころから、金沢城内に武器や武具を修理する御細工所《おさいくしょ》があり、武具奉行や御細工奉行が置かれ、ものづくりのための職人たちが働いていました。

古文書『加陽細工所始末』によると、藩主の子どもたちの武具を修理したり、破魔矢《はまや》をつくる技術に秀でた井上権左衛門という男が、利長の目にとまったのがきっかけのようです。権左衛門は、城中で武具、弓矢、鉄砲、細工物の修理や管理を任されました。

三代藩主利常は、この組織を前田家の大名調度品の制作・修理をおこなう工芸工房へと内容を変えていきました。また、御細工人の指導のため、京都や江戸から名工を招いています。

なお、当時の御細工所は、城内の一部にあって手狭なため、工芸のすべての分野が設置されていたわけではありませんでした。一部は、城下の町方職人の工房が、藩御用の指定を受け、制作にあたっていたのです。

五代藩主綱紀のとき、御細工所は組織的にも内容的にも整備され、藩営工房として完成されました。蒔絵《まきえ》や象嵌《ぞうがん》をはじめ、工芸のほぼ全分野を網羅し、高い技術水準を誇るもので、江戸への献上品としてつくられ、現代につながる美術工芸の基盤となりました。

ここで働く御細工人は、武士の身分が与えられ、能楽の兼芸も命ぜられていた教養の豊かな職人たちでした。最盛期には一〇〇人を超える職人をかかえ、手が足りないときには、町方の大工、漆《うるし》、革なめしなどの職人も動員していたようです。

腕のよい御細工所の職人は、前田家の大名行列にも随行し、道中での旗指物《はたさしもの》や武具をはじめ道具類の修理にあたったのです。綱紀のころは、四〇〇〇人の行列を従えたとの記録が残されています。行列の規模は、大名家のなかでも突出していました。

金沢におけるものづくりの原点ともいえる御細工所は、一八六八(明治元)年に廃止されるまで二五四年間も続きました。特筆すべきは、前田家が「一技一能」の家職として父子相続を可能にしたり、技能を身につけた足軽を御細工職人に登用するなど、職人を大切にしていたことです。

2　金沢箔、加賀友禅など多種多様な伝統工芸品

六種類の伝統工芸品と一七種類の希少伝統工芸品

金沢市の伝統的な工芸品には、国が指定する加賀友禅、九谷焼、金沢仏壇、金沢箔《はく》、金沢漆器、加賀繡《かがぬい》の六種類があります。九谷焼は、利常の三男利治が、藩内の加賀(石川県南部)九谷《くたに》の地で窯を開いた、一般に「古九谷《こくたに》」と呼ばれているものに由来しています。

ほかに希少伝統工芸品として金沢市が認めているものに、大樋焼、加賀象嵌、加賀毛針《けばり》、竹工芸、茶の湯釜、加賀提灯《ちょうちん》、銅鑼《どら》、桐工芸、二俣《ふたまた》和紙、郷土玩具、金沢和傘、加賀竿、三弦、琴、加賀水引《みずひき》細工、金沢表具、手捺染型彫刻《てなっせんかたちょうこく》の一七種類があります。

国指定の伝統工芸品六業種の現状ですが、生産額は、ピーク時の一九九一(平成三)年に比べ、不況の影響もあり、業種によっては二〇〇九年には三分の一から五分の一に減少しました。事業所数は一九八六(昭和六一)年をピークに、二〇〇九年には二分の一から三分の一に減少しています。事業者と従業者の年齢分布では、六〇歳以上が四二%、二〇代が〇・六%です。また、二〇〇八年度におけるアンケート調査によると、後継者の有無に関して「いない」が五七%、事業継承の意向では「ない」が七五%となっています。

金沢箔

四〇〇年以上の歴史を持つ金沢箔は、江戸時代からの技法が踏襲《とうしゅう》され、今日に至っています（カラー口絵参照）。金箔は、金閣寺や日光東照宮など歴史的価値の高い寺社仏閣のほか、漆器、陶磁器などさまざまな工芸品に使われています。金沢における金箔の国内生産量は九九％、銀箔と洋箔（真鍮箔《しんちゅうはく》）は一〇〇％を占めています。その品質のよさは、職人技術の高さに加え、金箔製造に適した雨や雪が多い気候、水質などが要因といわれています。

しかし、一九九〇年の生産額一三六億円をピークに減少しているのが気がかりです。その原因として、金箔の用途の八〇％を占めていた仏壇、仏具の需要が、生活習慣や住宅事情の変化などもあり、激減していることが大きいといわれています。

このような状況から職人が辞めたり引退したため、後継者が不足し、製箔技術の伝承すら危《あや》ぶまれました。

この打開策として、二〇一一年、金沢職人大学校に「金沢箔作業場」を併設し、研修を開始しました。金箔や銀箔の製造工程は、延金《のべがね》、仕入《しきい》れ、打ち前、箔移しなどがあります。それぞれの作業に別々の職人がかかわっており、これを支えあう仕組みに変えていくことも求められているところです。

箔屋によっては箔押し体験が楽しめますので、ぜひ挑戦してください。なお、製造工程でできる「あぶらとり紙」は根強い人気を誇り、全国的に知られる金沢の代表的な土産品の一つとなっています。

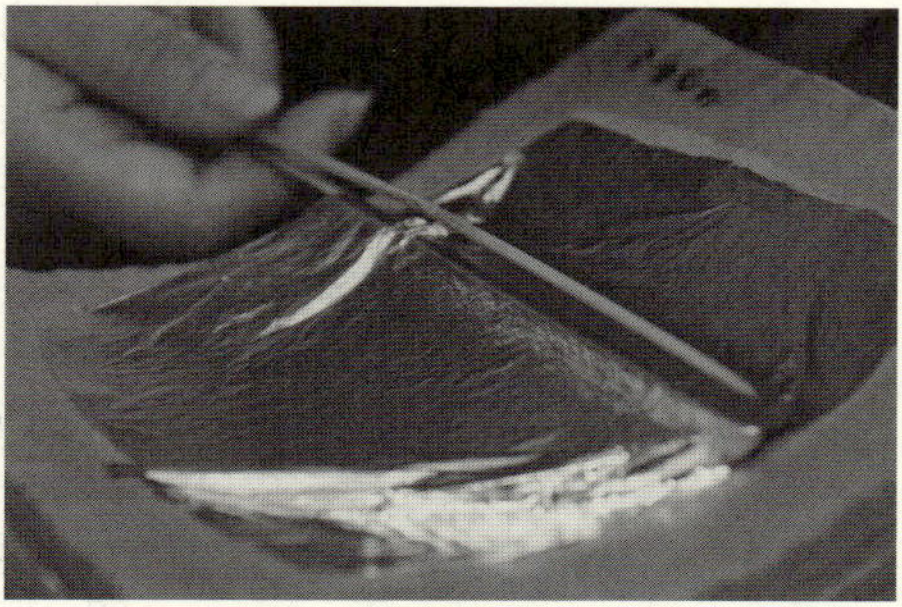

金箔を移す

加賀友禅

一八世紀前半、京都から金沢に移り住んだ絵師の宮崎友《みやざきゆう》禅斎《ぜんさい》によって、加賀友禅の基盤が築かれました。四季にうつろう花鳥風月を中心とした写実的な絵画調の絵柄が描かれ、京友禅の文様的な画風とは対照的です。色彩も豊かで、藍《あい》、臙脂《えんじ》、黄土、草、古代紫の加賀五彩と呼ばれる色を基調にしており、落款制《らっかんせい》による作家の一貫生産システムが確立されています。

加賀友禅では、作家と称されるには師匠のもとで一定期間の修業を経て、加賀友禅振興協会に落款（署名）登録をすることが必要とされています。作品について、責任の所在を明らかにするための仕組みが設けられているのです。

生産額は、一九九一（平成三）年度の二〇二億円をピークに、いまはその約三五％に減少しました。加賀友禅には、下絵、糊置き、彩色、地染め、水洗いなどの工程があり、それぞれの工程に職人がかかわり、手描きのため、単価は高くなります。残念ながら高額であることが、受注件数の減っている主な背景でしょう。

また、江戸時代に加賀友禅の加飾などに使われ、発展した加賀繍があります。絹糸、金糸、銀糸を使い、一針一針丹精《たんせい》に、立体感のある図柄を浮かびあがらせるところが特徴となっています。

3　伝統工芸、クラフトの継承

人づくりと「金沢市ものづくり基本条例」

工芸をはじめ多様な金沢の伝統産業ですが、職人の高齢化や引退、生活習慣の変化などの課題に、どう対処すべきでしょうか。

まず、一九八九(平成元)年、「金沢の技と芸の人づくり奨励金」の交付制度を金沢市が創設しました。伝統産業の知識と技術を習得しようとする人と、その人を雇用する事業者に、基準にしたがい、月額五万円から一二万円を三年間交付する制度です。この奨励金制度は一九九〇年にはじまり、二〇一四年三月末までに三七九人に支給されました。組合からの推薦により、伝統工芸品産業に従事しながら技能を習得しています。支給開始時の平均年齢は二九・一歳。三〇歳未満の初心者からおおむね四〇歳までが支給対象で、経歴はさまざまです。

受給者からは、金沢仏壇、加賀友禅、桐工芸、和傘などの分野で中心となり、活躍する人も生まれています。新分野開拓のための研究グループができてきました。

金沢市は、二〇〇九年、「金沢市ものづくり基本条例」を制定しました。条例では、人づくりがものづくりにつながるとして、担い手の確保と人材の育成を基本理念に据えました。

また、ものづくり戦略として、「文化を活かす」、「手仕事の精神を活かす」、「創造的ネットワークを活かす」ことを柱に、ブランド力の向上や消費拡大の支援、販路の開拓の促進、国内外への情報発信に力点を置くことを決めたのです。

頼もしい若者たち

近年、金沢美術工芸大学や金沢卯辰山工芸工房などで工芸の道にいそしむうちに、金沢に住む決心をした海外や県外からの若者が増えてきています。

そのなかから、二人を紹介しましょう。

◇秋友美穂《あきともみほ》さん

一九七五年、名古屋市生まれ。金沢美術工芸大学修士課程（彫金）を経て、金沢卯辰山工芸工房の金工工房を修了。二〇一〇年から制作活動に入りました（本章扉写真）。

◇坂井直樹《さかいなおき》さん

一九七三年、群馬県生まれ。東京藝術大学博士課程（鍛金《たんきん》）を経て、金沢卯辰山工芸工房の金工工房を修了。制作活動のかたわら、二〇一三年、同工房の専門員に任命されました。妻はガラス工芸作家です。

秋友さんは、当初、ひがし茶屋街の近くにある、市が町家《まちや》を再生して開設した工房を借りていました。現在は、浅野川に近い、卯辰山麓の静かな住宅地にある恩師の工房を借りて制作を続けています。坂井さんの工房の近くです。

二人とも、ここに至るまでには、作家活動だけでは生活が成り立たず、アルバイトもしながら苦労が続きました。将来への不安もありました。しかし、いまはどうにか安定した活動ができるようになりました。

坂井直樹さん

秋友さんは、すでに東京などで個展を開いていています。これからも活動を通して、ジュエリーやアクセサリーに女性らしい感性の提案を積極的におこなっていく意向です。

一方、坂井さんは「金属を生活の身近に」をテーマに、現在、薬缶《やかん》などの茶道具制作で新境地を開こうとしています。夫妻で、金属とガラスのコラボレーションも試みていく意向です。

二人に、いまの心境を聞いてみました。

秋友さん「アイディアにつながる題材が、手の届くところにあるのが金沢です。金沢はすべてにゆったりしていて、食べものがおいしい。これが生活のエネルギーになっています」

坂井さん「身近に作家がいて、その仕事ぶりにふれられます。緊張感と刺激があっていい。また、作家のネットワークに加わりやすく、自分の立ち位置が定まりにくい都会とは、ずいぶん違います」

秋友さん「独立してから、私を応援してくださるまちの人に出会えました。東京にもファンができました」

坂井さん「頼まれれば応える――これが私のモットーです。応えようとすることで、自分が成長できると思うようになりました」

秋友さんは生活工芸の分野で制作に励み、坂井さんは芸術家をめざしています。

それぞれ独自の領域を切り開いていってほしい。期待を寄せています。

ユネスコのクラフト創造都市に登録

大阪市立大学大学院教授の佐々木雅幸《まさゆき》氏の指導により、ユネスコ（国際連合教育科学文化機関）のクラフト創造都市への登録が、ものづくり戦略の中心に位置づけられました。早速、佐々木氏とともにパリのユネスコ本部を訪ね、登録を申請しました。二〇〇八年一〇月二九日のことです。当時、ユネスコの事務局長は、日本人初の松浦晃一郎《まつうらこういちろう》氏で、理解と協力をいただきました。また、二度にわたり金沢市を訪れ、金沢文化のよき理解者であるフランスの元文化大臣のジャック・ラング氏からも、絶大な支援をいただきました。こうして、申請から八か月後の二〇〇九年六月八日、創造都市登録が決定したのです。

創造都市とは、創造的な文化活動が革新的な産業活動と連関してまちの活性化を実現している都市のことです。二〇一四年二月現在、世界で四一都市が登録され、ネットワークを形成しています。この文化活動には、文学、音楽、映画、食文化、メディアアート、デザイン、クラフト&フォークアートの七分野が設けられています。

日本では、神戸市と名古屋市がデザイン分野で、金沢市はクラフト分野で、札幌市がメディアアート分野で登録されており、それぞれネットワークに加わっています。登録にこだわったのは、金沢工芸の世界への発信と現状を打開する契機になればという期待からでした。

この登録を機に、金沢市は二〇一一年、「クラフトビジネス創造機構」を設置し、体制を整えました。ほかにも「加賀友禅技術振興研究所」と「金沢箔技術振興研究所」が相次いで発足し、新製品開発などもはじめています。

販路を広げる工芸、クラフト

工芸とは、日本の美術を整理するにあたって、絵画・彫刻以外の美術をさす言葉です。伝統的技術を基に制作される「伝統工芸」と、創作活動としての工芸をいう「現代工芸」があります。このほか、西洋的な生活スタイルを範とする工芸を「クラフト」、日本の暮らしで使われていた無名の工芸を「民芸」と呼んだりしています。

加賀友禅では、衣服への応用、照明器具やカーテンへの活用など、海外も視野に入れて販路の開拓を進めています。

また、金沢箔は仏壇だけでなく、化粧品や菓子のジャンルにも使われています。室内インテリアや建築物、構造物への利用開発を進め、海外への販路開拓もめざしています。

一方、ワイングラスに九谷焼を使い、金沢漆器を装飾品に用いるなどの新しい試みもはじまっているところです。

一九八九年のこと。人間国宝で漆芸家の大場松魚氏（一九一六〜二〇一二年）が、フランス、ナンシー市のドーム社でガラスの花器をつくりました。氏は、これを金沢に持ち帰り、苦労の末、漆の装飾を施しました。金沢の漆とナンシーのガラスの融合による初めての芸術作品は、「光彩花器《こうさいかき》」と題され、金沢卯辰山工芸工房に展示されています（カラー口絵参照）。

なお、二〇一五年に北陸新幹線の開業を迎える金沢駅舎の内装には金箔、加賀友禅、九谷焼などの工芸品が使われます。

また、開業にあわせ、石川県のゆるキャラがつくられました。「ひゃくまんさん」と名づけられ、「加賀八幡起上り《かがはちまんおきあがり》」をモチーフにデザインされ、加賀友禅を思わせる図柄に金箔や漆が施《ほどこ》されています。

人形も伝統のものづくり

卯辰山麓に日蓮宗の真成寺《しんじょうじ》という寺があります。三代藩主利常が深く信仰した寺で、鬼《き》子母神《しもじん》とも呼び、祈願すると子宝が授かるといわれています。毎年、四月二九日におこなわれる人形供養が有名です。

金沢の風土から生まれた郷土人形や郷土玩具には、芸術性の豊かなものが数多くあります。まず、「加賀八幡起上り」があります。これは、神功《じんぐう》皇后が陣中で出産したのちの応神天皇を、武内宿禰《たけうちのすくね》が真っ赤な産着《うぶぎ》にくるみ、抱きあげた姿を表現したものといわれています。いわゆる「だるま」ですが、金沢で応神天皇を祀《まつ》る八幡宮にちなんで「八幡起上り」と呼んでいます。転んでも転んでも起き上がることから縁起ものとされていて、病気からの快復祈願や被災者への激励などに用いられています。

また、「加賀人形」があります。加賀藩では、祭礼のときに獅子舞を奉納する習わしがあります。その舞姿を華麗に表した人形です。また、加賀鳶《かがとび》(第4章)の姿をした可憐な作品もあり、童子《どうじ》の表情が人々に愛されています。さらに、獅子舞に使われる「獅子頭《ししがしら》」は、百獣の王としての権威を示す彫刻芸術として、専門の彫刻家や職人もいます。これを模した玩具は、魔除《まよ》けや立身出世祈願の意味から贈答品として好まれています。

金沢にしかない人形に「水引人形《みずひきにんぎょう》」があります。大正のころに津田左右吉《つだそうきち》が創始したもので、「熨斗《のし》びな」とも呼ばれています。もともと水引は結納品の飾り結びですが（水引についてはカラー口絵参照）、紅白、金銀、黄緑など五色の和紙の水引と檀紙《だんし》、奉書《ほうしょ》などを巧みに組みあわせてつくられた人形です。

これらのほか、縁起ものの「加賀魔除虎《まよけとら》」、お金が増えるという俗信が伝えられている「米食いねずみ」という小品玩具もあります。

加賀の人形や玩具には、時の流れとともに消滅したものがありますが、郷土の歴史と文化の証です。

金沢・クラフト広坂

贈答用や土産用の伝統工芸品は、どこで買えばよいのでしょうか。

まず、まちなかの専門店をのぞいてみてください。石川県観光物産館（兼六町）や市内のデパート、金沢駅の金沢百番街でもみつけられます。

金沢21世紀美術館に隣接した「金沢・クラフト広坂」を訪ねてみるのもよいでしょう。ここでは、二〇種類を超える希少伝統工芸品を展示販売しています。アクセサリーやストラップなど小物が主体です。また、ここには金沢工芸普及推進協会が置かれていますので、工芸に関する情報も参考にしてください。

金沢・クラフト広坂
金沢市広坂一―二―二五　金沢能楽美術館内
ホームページ　http://www.crafts-hirosaka.jp/

クラフト・ツーリズム

金沢ならではの伝統工芸や文化にふれる旅、「金沢クラフト・ツーリズム」もお奨《すす》めです。モデルコースでは、バス利用や徒歩で、気軽に伝統工芸の作品づくりを体験したり、いわれのある茶室でお茶やお菓子を味わいながら、観光スポットを巡るプログラムを設定してあります。

作家や職人の作品を鑑賞したり、制作工程を見学したり、時には、アーティスト気分で自分のオリジナル作品づくりに挑戦してみてはいかがでしょうか(クラフト・ツーリズムのホームページ　http://www.kanazawa-kankoukyoukai.gr.jp/craft-tourism/)。

4　菓子と料理も、ものづくり

金沢は日本の菓子処

菓子の歴史は古く、加賀藩政と深いかかわりがあります。初代藩主前田利家のころの、御用菓子処《どころ》の堂後屋三郎衛門《どうじりやさぶろうえもん》が元祖とされます。二代藩主利長のころに御用菓子師の樫田吉蔵《かしだきちぞう》が五色生菓子《ごしきなまがし》を、さらに五代藩主綱紀のころに、生菓子屋の道願屋彦兵衛《どうがんやひこべえ》が氷室饅頭《ひむろまんじゅう》を考案したといわれています。

金沢が、京都、松江とともに日本の三大菓子処と呼ばれているのは、全国に名の知られるお茶処であることとかかわっています。利家や利長は、千利休の直門《じきもん》、直弟子であり、茶道を奨励し、普及させ、その後も歴代藩主によって金沢の菓子は護《まも》られ、育てられて広まりました。茶菓子の主菓子《おもがし》や干菓子《ひがし》がつくられ、庶民の暮らしのなかに菓子が溶けこむまでにな

正月の福梅

りました。

法事には落雁《らくがん》が、婚礼には五色生菓子が使われました。また、正月の福梅《ふくうめ》と辻占《つじうら》、雛祭りの金花糖、七月一日の氷室饅頭の季節菓子が伝えられています。

三代藩主利常の創意と茶道遠州《えんしゅう》流の開祖である小堀政《こぼりまさ》一《かず》（遠州）の命名により生まれた落雁「長生殿《ちょうせいでん》」は、日本三名菓の一つとされています。これは墨型落雁で、上質の餅米を粉にして和三盆《わさんぼん》糖（日本でつくられた上等の和菓子用白砂糖）を加えて混ぜ、こねて木型に打ちこみ、一晩かけて乾燥させたものです。

落雁は、白い干菓子に胡麻が散った姿を見て「田に雁《がん》が落つるよう」とか、「雪の上に降りたる雁に似たる」と言われたり歌われたりしたことから、「落雁」と呼ばれるようになったとされています。ほかに「方丈菓子《ほうじょうがし》」、「今昔《いにしえ》」などの落雁銘菓もあります。

煎餅《せんべい》では、柴を積んだ小舟になぞらえた「柴舟《しばふね》（大柴舟も）」があります。最中《もなか》では、「加賀《かが》八幡起上《はちまんおきあがり》もなか」、「くるみ最中」などがあり、ほかにも、きんつば、焼きまん（大判の酒《さか》まんじゅう）、羊羹《ようかん》、生麩《なまふ》まんじゅう、じろ飴など、贈答用や土産用に使われる菓子は多種にわたります。

また、石川県観光物産館では「和菓子手づくり体験」も楽しめます。

歴史のある菓子づくりの技術水準は高く、この継承と発展のため、一九九四（平成六）年、金沢市は和菓子と洋菓子の菓子職人の表彰制度を設けました。受賞者は「菓子名工」と呼ばれ、後進の指導にあたり、菓子文化の振興に貢献しています。

独特な加賀料理

料理は茶の湯で出す簡単な料理の懐石《かいせき》、点心《てんしん》にはじまり、しだいに珍味佳肴《ちんみかこう》へと発展していきました。日本海の新鮮な魚と、源助《げんすけ》だいこん、加賀太《ふと》きゅうり、金沢一本太ねぎ、金時《きんじ》草《そう》、加賀れんこん、たけのこなどの加賀野菜が素材です。これに地酒が加わり、美しい工芸品の器物《うつわもの》と芸能が彩りを添え、総合芸術としての料理文化ができあがりました。

和食、洋食、中華料理の技術の継承発展のため、一九九四年、金沢市は「料理名工」の表彰制度も創設しました。また、二〇〇一年、市の支援により金沢料理職人塾が開設されました。調理師会の努力で、地道な後継者育成が進められています。

和食がユネスコの無形文化遺産に登録されましたが、金沢市では、二〇一三年に「金沢の食文化の継承及び振興に関する条例」を制定し、食文化の充実と発信に努めています。

加賀藩に実在した武士の料理人一家の夫婦愛や家族愛を描いた映画『武士の献立』が二〇一三年に公開され、加賀料理がいっそう注目されることにもなりました。

ここで、金沢に独特の食材や料理を紹介しましょう。まず、婚礼料理の「鯛の唐蒸《からむ》し」が際立っています。武士と縁の深い土地柄から、背開きにした鯛に腹側までおからを詰め、子宝に恵まれるようにとの願いを込めて、蒸してつくるめでたい料理です。

また、藩祖前田利家とゆかりの深いキリシタン大名の高山右近が欧風料理をもとに伝え、キリスト教信者から広まったといわれている家庭料理の「じぶ煮」があります。鴨肉、野菜、すだれ麩を煮込み、小麦粉でとろみをつけた料理で、「じぶじぶ」と煮ることから、その名が由来しているともいわれます。

同じくキリシタンが生活の糧につくったとされる「どじょうの蒲焼き」も滋養豊富で、精のつく庶民の味として親しまれています。さらに珍味では、海鼠《なまこ》の卵巣を一本ずつ箸で吊るして逆三角形に整え、陰干しした「干《ひ》くちこ」があります。珍重される高価なものです。

一方、雪国だけに冬の保存食も豊かで多彩です。鯛や平目の切り身を昆布で包んで巻いた「昆布〆《じめ》」のほか、「ふぐの糠漬《ぬかづ》け・粕漬《かすづ》け」も金沢ならではの味でしょう。ほかに、輪切りにして塩漬けしたかぶらや大根に鰤《ぶり》をはさみ、麹《こうじ》で発酵させたものが「かぶら寿し」、「大根寿し」で、年末の贈答品として使われます。

金沢では冬のはじめ、空模様が荒れ雷鳴がとどろき、霰《あられ》が雨戸を叩くように激しく降る時期を迎えます。この雷を「鰤起《ぶりお》こし」と呼び、寒鰤《かんぶり》がとれる季節の前兆とされています。鰤のほか、蟹《かに》、甘えび、鱈《たら》など、まさに金沢の冬の味覚の到来を告げる雷なのです。

他方、料理につきものの日本酒も豊富です。石川、金沢は、「地酒王国」といわれます。石川県では「いしかわの酒による乾杯を推進する条例」を、また、白山《はくさん》市は「白山菊酒《きくさけ》等の普及の推進に関する条例」を制定しました。さらに、金沢市は、白山市とともに「加賀菊酒の里」として知られています。米と水のよさに加えて、杜氏《とうじ》の高い技術力があって芳醇旨口《ほうじゅんうまくち》の酒が生まれました。これが、金沢の料理を引き立てます。

また、金沢港の入り口に近い港町の大野町で醸造される大野醬油も、つとに全国的に知られ、評価を得ています。最近、オーガニック表示による国際認証をとった金沢ブランドです。

市内には、和食の老舗料亭や割烹料理店があり、洗練された料理で客をもてなしてくれます。季節に応じ、鍋料理店も開いています。魚介類が豊富で新鮮なことから、寿司店も喜ばれます。縄暖簾《なわのれん》をくぐるもよし、関西風のおでん屋を訪ねるのも、また一興《いっきょう》です。

5　農業と林業の人づくり

日本初の耕地整備と加賀野菜の開発

金沢市の海岸近くに砂丘地園芸地帯があります。明治の半ば、当時の上安原村《かみやすはらむら》に生まれた高多久兵衛によって、日本ではじめて耕地整備(田畑の区画整理)がおこなわれ、耕地面積が拡大し、生産性が大きく向上しました。これは「石川式」として全国に広まり、一八九九(明治三二)年に法制化される耕地整理法の基礎となり、いまの圃場《ほじょう》整備事業へと受け継がれたのです。

現在、この地帯では、源助だいこん、加賀太きゅうり、打木《うつぎ》赤皮甘栗《あかかわあまぐり》かぼちゃ、さつまいもなど高品質の金沢ブランド、「加賀野菜」を生産しています。

加賀野菜

特に源助だいこんは、この地の篤農家、松本佐一郎が愛知県の井上源助から種をもらい受け、一〇年間にわたって品種改良を重ね、苦心の末、一九四二(昭和一七)年、現在のだいこんに育てあげたものです。ずんぐりとした円筒形で、肉質がやわらかく肌がきれいで煮くずれしにくいことから、天下一品の味と評価され、煮物やおでんには最高とされています。

また、最近、加賀野菜を使ったスイーツやリキュール酒などの加工品も生まれてきました。

即戦力のプロをつくる農業大学校、林業大学校

こうした熱心な営農地域のある一方で、近年、市内の耕作

農地は減少し、遊休農地が増加、林地の荒廃も進んでいます。農地や林地の保全と担い手の育成は緊要であり、全国共通の課題でもありましょう。

二〇〇六年、金沢市は「金沢農業大学校」を開校しました。入学者は約一〇名で、受講料は無料、研修期間は二年です。趣味で家庭菜園をつくりたい人ではなく、あくまでも農産物を生産・出荷・販売できる農業人を育てるのが目的です。研修を終えたあと、就農が進むように金沢市が農地を斡旋《あっせん》し、土地基盤や農業施設を整備するうえで支援することを約束しました。

今日までの修了生は七一人で、そのうち中央卸売市場への出荷者の割合は二〇％、直売所への出荷者の割合は五〇％を超えています。

次いで二〇〇九年、森林整備、林産物生産のプロを育てるための学校として、「金沢林業大学校」を開校しました。即戦力となる人材の育成をめざし、こちらも研修期間は二年で人数は約一〇名、受講料は無料です。修了生には、山林の借りあげのための経費や林業機械の貸与などを支援しています。

6　「からくり」にはじまった機械製造

幕末の科学技術者たち

金沢の機械製造は、幕末期のからくり師、大野《おおの》弁吉《べんきち》（一八〇一～一八七〇年）にさかのぼります。京都の羽根細工師の子どもとして生まれた弁吉は、二〇歳のころ、長崎で理化学、医学、天文、写真、航海術などを学び、のちに金沢港の入り口に近い海岸のまち、大野町に住みました。幕末を生き、本業は指物師ながら科学技術者として「からくり」をつくり、活躍しました。

当時、最先端の科学知識を活かした発明品では、「茶運び人形」が有名です。人形が持つお盆の上に茶碗をのせると、客の方向に前進し、客が受け取ると頭を下げてお辞儀《じぎ》をして、向きを変えて戻ってきます。一〇〇年以上も前に金沢で開発された「茶運び人形」こそ、「人《ひと》型ロボット」の第一号ではないでしょうか。

弁吉直筆の『一東視窮録《いっとうしきゅうろく》』（一東は弁吉の号）は彼の覚え書きをまとめたもので、「茶運び人形」のほか、静電気を起こす装置「エレキテル」などの図解や色ガラス、写真機、大砲、医薬品などの製法や寸法などが記《しる》されています。弁吉の作品のほか、からくりの歴史と魅力は、金沢港に近い「からくり記念館」で見ることができます。

復元された茶運び人形

弁吉は、藩の洋式兵学校、壮猶館《そうゆうかん》への出入りを許され、門人を育て、やがて津田米次郎の力織機の発明へとつながります。米次郎は、二四年にわたる研究と苦心の末、一九〇〇(明治三三)年に日本初の絹織物の力織機を開発しました。これにより、繊維産業を軸に、機械による産業の近代化が進められたのです。

金沢産業の変遷

一八〇〇年代末期から、日本経済高度成長期の一九六〇年代までの八〇年間、金沢の産業は輸出絹織物の生産にはじまり、繊維工業と繊維機械工業が車の両輪でした。輸出絹織物の生産は、糸をつくる紡績、布をつくる紡織から染織へと拡大してきました。また、絹織物卸商社を中心とした産地流通システムが形成されたのです。

しかし、一九七一（昭和四六）年のドルショック、一九七四年のオイルショックにより、繊維業界は国際競争力を失い、大きな打撃を受けました。

こんな状況のなか、繊維工業は新合成繊維織物を、また繊維機械工業では、一九七六年に津田駒工業（通称「ツダコマ」）が、水や空気によって緯糸《よこいと》を飛ばす超高速自動織機「ウォーター・ジェット・ルーム」や「エア・ジェット・ルーム」を開発し、生き残りを懸けたのです。ツダコマは、先の津田米次郎の甥《おい》にあたる津田駒次郎が一九〇九（明治四二）年に創業した歴史のある企業です。

一方、繊維機械工業の部品関連メーカーが、工作機械や食品関連機械の分野に進出するなど、新たな展開を見せました。工作機械では、高松機械工業や中村留《なかむらとめ》精密工業などが高付加価値製品を開発し、海外でも評価の高いメーカーとして発展しました。また、ボトリング・システム機械の澁谷《しぶや》工業、回転寿司コンベア機の石野製作所、豆腐製造装置の高井製作所などにより、多様で高度な食品関連機械が生産されています。さらに、特殊搬送システム機械のホクショーなどは、いずれも大企業では参入しにくい多品種注文生産分野へ進出しました。

これら一連の産業は、「ニッチ（すき間）産業」と呼ばれています。

ほかにも、建設・建築用金属製品の分野では、道路や施設を強風や砂塵から守る特殊フェンスで国内シェア第一位の日本パーツセンターや、石油貯蔵地下タンク製造の玉田工業などが知られています。

二〇一四年、経済産業省が「グローバル・ニッチ・トップ企業一〇〇選」として、独自の製品を国際展開している中小企業一〇〇社を選定したなかに、金沢市の関係からは、エア・ジェット式織機のツダコマとパワーショベル用部品製作の明石合銅が選ばれました。

一九七〇年代以降の低成長期にあって、これらの企業が金沢経済の活性化に大きく貢献し、現在に至っています。

また、石川県内における人口あたりの情報サービス分野の事業所数は、東京都、大阪府、福岡県に次いで、全国第四位にランクされています。石川県のＩＴ関連企業といえば、金沢市に近いかほく市にあるＰＦＵが広く知られています。また、金沢市にはコンピュータ周辺機器メーカーのアイ・オー・データ機器のほか、独自の専門的ニッチ領域を開拓する企業が活躍しています。

金沢の北部郊外の丘陵地には、「金沢テクノパーク」が完成し、ここに、制御・計測機器メーカーの世界的企業、横河電機が立地しました。ほかに、医療関連機器メーカーの日機装、環境分野の日本ケンブリッジフィルター、ボトリング・システム機械の澁谷工業が操業しています。

このようにして、金沢港周辺用地における世界的企業、コマツの進出とあわせて、金沢産業に一段と厚みが加わることになりました。

金沢産業の海外戦略は、機械製造業を中心に、世界各地に向けられてきました。一九九〇年代以降は、東南アジアへの進出が増加しています。二〇一三年三月現在、金沢市と隣接市での進出企業数は、三五社、五四拠点となっています。シンガポール、タイ、ベトナムが中心で、インドネシア、マレーシアへの立地もみられます。

プレス機器、電子部品、スタンピングホイル、陶磁器製品などが取り扱い品目です。景気の回復と金沢港の活性化により、企業のいっそうの海外進出が期待されています。

ゲームやアニメのクリエーターを生む

コンテンツ開発も、ものづくりの一環です。デジタルアートの祭典として、金沢市が東京大学名誉教授の浜野《はまの》保樹《やすき》氏（一九五一～二〇一四年）の指導により、全国的にも珍しい「eAT《イート》(electronic Art Talent)金沢」を開始したのが一九九七（平成九）年でした。コンピュータ・グラフィックスからはじめ、アニメーション制作へと発展し、市内小中学校の児童生徒を対象にデジタル絵画や動画を表彰するアワードを設けました。

一方、金沢美術工芸大学で学んだ人のなかには、ゲームなどの分野で、任天堂スーパーマリオの宮本茂、ソニープレイステーションの後藤禎祐《ていゆう》、アニメーションの監督では『時をかける少女』、『サマーウォーズ』の細田守、スタジオジブリ『借りぐらしのアリエッティ』、『思い出のマーニー』の米林宏昌の各氏のように、世界的に活躍している人たちがいます。

eAT金沢では、こうした人たちや日本の最先端のクリエーターを招き、フォーラムや、夜通し論議し意見交換をする夜塾を開くなどしてきました。

こうしたことで、人材は確かに育っています。そこで、起業家をめざす人たちのための

「ＩＴビジネスプラザ」を市内のオフィス街に相次いで開設し、起業やその後の企業活動を支援してきました。最近に至り、ｅＡＴにかかわったクリエーターのなかから、金沢に事務所を設けたり、移り住んで来られた人もいます。こうして、コンテンツの産業化が確実に進んできているのです。

７　金沢の文化、経済の根底にあるもの

茶道と工芸

加賀藩の茶道は、千利休に教えを受けた藩祖利家、二代利長にはじまりました。三代利常、四代光高は、古田織部《おりべ》、小堀遠州から学びました。一方、武士で茶道をたしなむ人も多くありました。

また、五代綱紀に茶道頭として登用されたのが、裏千家の祖、千仙叟宗室《せんのせんそうそうしつ》でした。この宗室によって、茶道工芸として現代まで続いている大樋焼と加賀藩御用釜師の初代宮崎寒雉《かんち》の茶の湯釜の基礎ができたのです。

茶道は、招いたお客への思いやりにはじまります。このお茶の心から、懐石、菓子が生まれ、茶花、芸能を含めた総合芸術へと高まりました。そして茶道は、しだいに武家から町人の暮らしのなかに根づいていったのです。金沢の文化の奥ゆかしさ、奥深さは、まさに茶道に由来するといえましょう。

一方、工芸は、あらゆる茶道具から懐石用品に、さらに生活工芸へと広がりました。高い美意識と独創性から、美術工芸品が生まれました。料理も菓子も器《うつわ》も、すべては手による細工の産物です。金沢は、まさに磨かれた手仕事のまちです。

本来、武家社会は格式社会でもあります。工芸品は献上品としても用いられ、品格と品質が問われ、工芸品制作のこだわりにつながったのです。工芸にみられた模倣を許さない独立志向と革新の気概は、器械師によるからくりにも通じるものでした。それが機械製造やものづくり全般に及んだとき、イノベーションや付加価値生産性が追究されました。

工芸と製造業は、ものづくりの体系としては異質ではあるものの、工芸の精神性がいまの石川、金沢の産業の根底にあるといってもよいでしょう。

これが、いまの石川、金沢のニッチ・トップ企業の背景にもなっているのです。このニッチ・トップ企業が地場産業を牽引《けんいん》し、これらと新たな進出企業が切磋《せっさ》琢磨《たくま》するなかから、さらなる金沢の活性化が図られることでありましょう。

城下町文化を守る

こうみてくると、金沢の豊かな文化土壌と確かな技術基盤の根底には、一国一城のサムライ文化、つまり江戸期の城下町文化がありました。その中心に茶道と工芸があったことを、あらためて知ることができます。

金沢は、加賀藩時代のサムライ文化が根源でしたので、公家文化の京都とは違います。したがって、金沢を「小京都」と呼ぶのは適切ではありません。他方、いまの東京は江戸時代の遺産をなくしたも同然です。金沢は、京都ではなく、東京でもありません。だから、金沢は、やはり金沢なのです。城下町文化のモデルは、世界に例がないといわれます。そうであればあるほど、金沢は城下町文化をしっかりと守り、これを世界に発信していかなければならないのです。

ちょっと寄り道

傘屋をつくる

和傘の制作工程は複雑で、高度な技能を要します。竹骨を削って曲げ、柄《え》に取り付けることからはじまります。染色した和紙を張って、干して、柿の渋と胡麻油をひきます。ほかにも、内側に千鳥掛けをするなど、全部で三〇もの工程があり、それぞれむずかしい作業ばかりです。

明治、大正のころには金沢に一〇〇軒もあった和傘屋が、いまでは一軒だけとなってしまいました。和傘職人はわずか一人。その人の年齢は八〇代です。昭和三〇年代から洋傘が普及し、和傘屋は激減したのです。

その和傘屋を何度も訪ね、「弟子をとってもらえないか」と頼みました。返事は「そんなこと言うても、食べていけん。駄目や」と、つれないものでした。

そんなとき、表具職人と木工職人のなかから、「やってみたい」との声が上がりました。

これにはその和傘職人も協力を約束し、二〇〇九年に「金沢和傘伝承研究会」が発足したのです。

金沢の和傘

岐阜市の和傘商店の協力もあって、金沢職人大学校で研修がはじまりました。熱心な活動が続けられた結果、ようやく後継者育成の目途《めど》が立つようになり、女性の和傘職人が誕生したのです。

一九六三年、金沢に生まれた山田ひろみさんです。金沢市の希少伝統産業専門塾で木工を学んでいましたが、和傘伝承研究会の発足時から中心メンバーとして活動をはじめました。美しいデザインの染色和紙をつくり、見事に仕上げています。研究会の結成から丸四年を経て、制作した和傘の販売がはじまっています。

和装に和傘は必須のもの。野点《のだて》の茶席には大傘が、日本舞踊には舞傘が必要で、用途に応じた需要がないわけではありません。これからの課題は、販路をどう開き、いかに広げていくかです。

伝統工芸のうち、金沢では菓子木型、太鼓、添え髪や入れ髪の髢《かもじ》をつくる職人は絶えてしまいました。また、急いで支援が必要なものに、釣り竿の加賀竿、加賀提灯があります。加賀友禅に欠かせない型紙の手捺染型《てなっせんかた》彫刻も、再生が必要です。金沢の伝統文化にかかわる生業《なりわい》だけに、何としても守っていかなければなりません。伝統工芸をいかに継承するかは一般的抽象論ではなく、すべからく個別具体論でなければならないのです。

第4章

人とまちの暮らしを歩く

鞍月用水沿いにつらなる，せせらぎ通り商店街

1　福祉とともに

福祉のまちに生まれ育って

金沢の東部郊外に、小野慈善院(現在の社会福祉法人陽風園《ようふうえん》)という施設がありました。生活困窮者のための施設で、創業者は金沢市出身の小野太三郎です。創設の時期は、いまから約一五〇年前の一八六四(元治元)年とも、一八七三(明治六)年ともいわれています。一八七二年に東京市養育院が設立されていますが、いずれにしても、この二つの施設が日本で最も古い救護施設であったことは間違いないようです。

小野慈善院の近くに私の母の実家がありました。母の三人の弟が兵役に服し、祖父はすでに亡く、祖母一人が農地を守っていました。農繁期になると、母は実家の農作業を手伝うため、就学前の私は小野慈善院の託児所に預けられました。

一九三六(昭和一一)年ごろのこと、施設の様子を子どもなりに見ていました。病気で亡くなったのでしょう、入所者の遺体を荷車に乗せ、見送る人もなく、火葬場に運んでいく光景が、いまでも脳裏に焼き付いています。祖母は、施設にいる人たちに、よく声をかけていました。

また、少し離れたところに、朝鮮の人たちが住む集落があり、祖母は家の農地でとれた野菜をわけてあげるために、私を連れて行きました。集落では、ブタを飼い、どぶろくをつくっていました。子ども心に、朝鮮の人は隔絶されているように感じたものです。祖母は誰とも仲良く、親切にすることの大切さを私に教えてくれたように思います。

祖母は、仏教の信者であったからか、また、士族の血をひいていたからか、慈善心と義俠心に富んでいました。私は、こんな祖母の影響を受けながら育ちました。

父は、金沢市の中山間地の農家の出身で、大工でした。職人気質とでもいいましょうか、一本気で曲がったことは大嫌い。腕のよい職人で、お宮もいくつか造っていました。朝早くから夜遅くまで、黙々と仕事に打ちこみ、その妥協を許さぬ一徹さには、いまになっても惹《ひ》かれます。

小学生、中学生のころは戦時中で、「ほしがりません、勝つまでは」を合い言葉に、貧しさに耐えた時代でした。

高校を終え、兼六園を通って城跡にあった金沢大学で学び、卒業したのが一九五四(昭和二九)年でした。朝鮮特需の終わった翌年で、厳しい就職難が待っていました。

私は、金沢市役所を選んだのですが、これは民間企業に入るよりも公のために役立ちたいと思ったからです。

はじめての仕事は生活保護のケースワーカー

市職員になって社会福祉事務所に配属され、最初に命じられた仕事は生活保護のケースワーカー(社会福祉の専門職)でした。来る日も来る日も、被保護家庭を訪ねました。家族の安否を確かめ、収入状況を把握し、必要に応じ、保護費の支給額を決めることが役目でした。

家庭訪問には公用の色塗りの自転車を使っていました。被保護家庭のなかには「世間体を気にする人もあるだろうから」と家の前に自転車を止めず、少し離れた神社の境内などで降りたものです。

二年間、ケースワーカーをつとめましたが、被保護家庭の厳しい生活実態を見るにつけ、

「人は絶対に威張ってはいけない」と心に刻みました。以来、ケースワーカーの仕事は、我が人生の原点になりました。

2　福祉と教育から地方自治を問う

生活保護は国の責任

戦後七〇年、生活保護制度の理念は「救貧から保障へ」と大きく転換しました。しかし、近年の経済情勢や雇用状況、高齢社会の到来から、保護率は年々上昇しています。

かつて、地方分権改革の一環として、地方の自主自立をうながすため、俗に「紐《ひも》つき財源」と呼ばれる国庫補助負担金を廃止、もしくは削減して地方税に置きかえ、税の偏在は地方交付税の充実で調整するという改革案が、「各省庁ではまとめきれまい」との政府側の判断もあって、地方六団体に任されました。

この六団体の全国知事会と全国市長会が主体となって案を取りまとめたのが、二〇〇三年のことでした。

国庫補助負担金、地方税、地方交付税を一体として改革し、国庫補助負担金を廃止・削減することで地方の自由度を高めようとしたのです。いわゆる三位一体改革です。

これに関して、厚生労働省は、生活保護費に対する国庫負担率の引き下げを目論《もくろ》みました。現行の国の負担率四分の三を引き下げ、逆に地方の負担率四分の一を上げて、地方の自由度を増すとしたのです。

しかし、元来、生活保護費の支給は憲法第二五条の生存権と国の社会的使命にもとづくもので、国の責任そのものです。それなのに国の負担率を引き下げるのは、国の責任放棄にほかならないのです。私は我慢ができませんでした。ほかの市長とも連携し、生活保護費の支給事務の返上も辞さないと強硬に反対しました。

これには厚生労働省もやむなく折れ、負担率の変更は取りやめになったのです。全国市長会会長として筋を通したつもりでした。

ここへきて、生活保護費が巨額にのぼり社会問題化したことから、一部に生活保護を「悪」呼ばわりする向きがあります。しかし、不況からの脱却を最優先に、生活保護費を受給しないで暮らせる社会経済条件の整備こそ待ったなしです。また、真に生活に困窮している人にこそ、生活保護は必要です。仮に不正受給があるとすれば、厳正な対応は当然のこと、個々のケースに応じて、誠実に実践していかなければならないのです。

児童相談所を開設

悲しいことに、各地で児童虐待の深刻な事件が相次いで起きています。これにどう対処すべきか、私なりに悩み続けてきました。折しも二〇〇六年四月、児童相談所の設置権限が、それまでの都道府県のほかに、新たに中核市（地域の中核的都市機能を備えた都市のこと）に移譲されました。児童福祉の事務は、いくらかでも住民に身近なところで対処ができるようにとの趣旨からの改革でした。

この機を活かさない手はないと考えました。全国市長会の役員だった横須賀市長の沢田秀男氏と話しあい、率先して児童相談所を開設する約束をしました。

開設と運営には、経費と人員が必要です。業務はむずかしく厳しいとはいえ、子どもの問題に猶予《ゆうよ》は許されず、開設を即断しました。これには、二人の間に、分権改革のインセンティブ（刺激）になればとの思いがあったことも事実です。

石川県から金沢市への事務移譲は、スムーズに運びました。

このことは反面、子どもを取りまく問題のむずかしさと厳しさを物語っているともいえましょう。市の児童相談所は所管の範囲が市域であるから、県全域を担当する県の児童相談所とは違って、業務には機敏に迅速に対応できます。

事実、市が開設したことにより、相談件数は格段に増え、開設して、本当によかったと思いました。業務が厄介だからとか、費用がかかるからとかで開設に腰が引けていては、児童福祉も地方分権改革も一歩も進みません。筋が通れば、あとは意を決するだけです。しかしながら、金沢市と横須賀市に続く都市は、いまだに現れていません。

英語や謡曲を教える保育所も

子育てを担う保育所のことですが、金沢市内には私立の保育所が多数あり(一七四ページ)、児童数に応じた保育士などの配置基準について、国の基準に独自に上乗せして、手厚くする措置を講じてきました。国基準と市基準の差額相当額を援助してきたのです。

また、保育料については一六年間これを据え置き、あるべき保育料基準との差額相当額を私立保育所に支援してきました。延長保育、夜間保育、二四時間保育、休日保育、休日の一時保育のほか、病児一時保育も七か所で実施されています。

保育内容も多彩で、英語のほか、謡曲、茶道、和菓子づくり、九谷焼絵付けなどの伝統文化を教える保育所まであります。私立保育所の経営者の努力により、こうした特色ある保育がおこなわれています。ともあれ、金沢市の保育水準は、公立、私立の区別なく、全国的にも高い水準にあるといえます。

時代のニーズに応える保育内容の充実は、究極には市町村の責任です。幼稚園と保育所の教育・保育の内容にさしたる差異がない以上、幼保一元化は当然のことだと考えています。文部科学省と厚生労働省によるタテ割り行政の弊害を排し、政治主導で解決を図るべきでしょう。

金沢モデルを築く学校教育

金沢市は、教育現場のかかえていた閉鎖性を打破するため、二〇〇三年に「金沢市教育プラザ富樫」を開設しました。「富樫」とは施設の所在地の名称です。ここでは小中学校、幼稚園、保育所の壁はなく、教職員の研修体制や子どもと親の相談体制が確立されました。年間約二〇万人が利用しています。

また、教育行政の改革のため、金沢市教育委員会は「学校教育金沢モデル」を作成しました。その第一次として、二〇〇四年、学校二学期制を導入しました。前例踏襲《とうしゅう》になりがちなカリキュラム(教育課程)を見直し、標準時間数を上回る授業時間数を確保するとともに、教員の意識改革をうながし、さらに同年、「『世界都市金沢』小中一貫英語教育特区」を提案、内閣府に申請して認定を得ました。これが中央教育審議会の議論をうながし、文部科学省の学習指導要領において、小学校でも英語教育を五・六年生で必修とする変更を迫る先駆となったのです。

この教育特区の認定により、小学校三年生から小中一貫英語教育(英語科)を実施しています。そして「金沢スタンダード」と呼ぶ金沢市独自の学習指導基準を設定し、学習指導要領を超える内容を保証したのです。続いて二〇〇六年には、中学校学校選択制を導入しています。

さらに、「学校教育金沢モデル」の第二次として、二〇〇九年、豊かな心を育てる「金沢

『絆』教育」を実施。全市一斉に、あいさつの日、ボランティアの日、「絆」活動の日などを設けました。

これら一連の改革は、児童生徒の学力面においても着実に成果を挙げています。二〇〇七年から導入された全国学力調査の平均正答率は、小学校六年、中学校三年の国語、算数、数学、理科のすべてにおいて、毎回、全国平均を上回っています。また、二〇一二年の英語力調査では、小学校六年生の児童英検中級において、金沢市の平均正答率は八二・〇％、中学校三年生の英語能力判定テストにおいて英検三級以上レベルの生徒割合は四〇・四％で、これまでの数値を大きく上回っています。

ただし、こうした新たな試みも、社会状況の変化に応じて検証することが大切であり、児童生徒の視点に立った検討を不断におこなわなければなりません。

タテ系列の教育行政ではなく

いまの義務教育には、制度面で改革を要する事項があまりにも多すぎます。とりわけ、文部科学省、県教育委員会、市町村教育委員会がタテ系列に結ばれ、文部科学省による通達行政が細部にまでおよぶ構図は、あらためられなければなりません。教育に関する中央集権体制から、自由で闊達《かったつ》な地方主体の教育システムへと変革が必要です。

もちろん、いかなる場合であれ、教育の分野にかかわっては、政治の介入は許されません。教育の政治的中立性は、厳に守られなければならないのです。

教育現場に活力を取り戻す鍵は、教職員の人事権のあり様《よう》です。学校と教職員に関する現行制度は極端に複雑です。だから、責任の所在も曖昧《あいまい》になるのです。現在、学校の設置権限と教職員の身分は市町村にありますが、教職員の任命権は都道府県と政令市のみにあります。任命権が都道府県と政令市にあることから、教職員の帰属意識は都道府県にこそあれ、市町村には向けられていないのです。これでは、地域と子どもたちのための生きた教育ができるはずはありません。

ナショナル・ミニマムと地方自治

ナショナル・ミニマムとは、「全国津々浦々、どこでも例外なく厳格に遵守されるべき最低基準」のことです。生活保護の基準は、まさにナショナル・ミニマムでしょう。どこに住んでいようと、その基準に差があってはならないからです。生活保護に関する事務は国の事務であり、国の責任であるとされるゆえんです。

他方、保育や教育、まちづくりやごみ処理などのように、住民生活に身近な事務は、すべて地方の仕事であり、原則、地方の責任です。地域の事情に最も通じた地方自治体の判断と方法で進められることがふさわしく、効率的でもあるのです。

義務教育におけるナショナル・ミニマムは、教科の種類、最低時間数、各教科内容の骨子に限られます。国は、学力の到達目標を明示し、目標が達成されたかどうかの検証に責任を持ち、その他を市町村の自由な裁量に任せたほうが、児童、生徒のための活きいきとした現場の教育が可能になるのです。

国は何をなすべきか、地方は何をおこなうべきか、まず、国と地方の役割分担が明らかにされなければなりません。そのうえで、国は地方を信頼し、地方の事務は地方に思いきって任せるべきです。逆に、地方は、国に頼らず、求めず、地方の責任で住民のためにみずからの役割を果たさなければなりません。これが地方自治であり、地方分権の姿でしょう。国家存続の基本条件としての外交や防衛のほか、社会保障制度や教育の基本に関することなどを除いて、すべてを地方に委ねるべきです。このことが、硬直した中央集権体制を正し、肥大化した官僚機構をあらためることにつながるのです。地方自治のための分権改革は、行政改革の一環なのです。

3　生き続けている金沢の共同社会

ユニークな福祉施設の善隣館

金沢には、全国的にもユニークな福祉施設として「善隣館《ぜんりんかん》」があります。善隣館は、一九三四（昭和九）年から一九六〇年にかけて一九館が生まれ、現在一一館が残っています。設置と運営の主体は、社会福祉法人です。

ここでの事業は、大正半ばから昭和初めにかけて全国でできたセツルメント（隣保事業）と同じです。善隣館を開設した先人は、市内に住む安藤謙治《あんどうけんじ》、荒崎良道《あらさきりょうどう》、浦上太吉郎《うらかみたきちろう》の三人の方面委員（のちの民生委員）で、いずれも全国に名が知られた社会事業家でした。

安藤謙治によれば、善隣館の理念を「庶民階級における福利の増進と精神的教化運動の二大方針をもって善隣思想を実践すること」としました。「精神的教化運動」とは、いまの社会教育のことでしょう。草創期の事業内容は、授産、施療《せりょう》、託児でした。

内職の斡旋と職業指導をおこなう「授産」と、診療所を開設して医療を施した「施療」は、時代の推移にともなって、その役割を終えました。しかし「託児」は、「保育」として残っています。

1934（昭和9）年に開設した第一善隣館

一九九一（平成三）年、民生委員のみなさんに「これからの善隣館はデイサービスなどの高齢者福祉に取り組もう」と、私は呼びかけました。そして社会福祉協議会と民生委員の賛同を得て、デイサービス事業や生きがいづくり推進事業がおこなわれてきました。ただ、二〇〇〇年に介護保険法が施行され、これによるデイサービスなどの保険給付が善隣館の事業運営を圧迫しかねないといった影響が出ました。

しかし、善隣館の活動は、介護サービスに参入する民間企業とは違い、資本の論理では手の届かないところに光をあてるもので、本来、小さな地域の小さな福祉活動でした。派手ではありませんが、たとえば、雪かきや屋根雪下ろしの支援、災害時の救助、配食サービス、ごみ出しや買い物のサポート、見守り支援など、心の通う福祉活動が善隣館の役割なのです。

公立より多い、私立の幼稚園と保育所

金沢市に保育所ができたのは、一九〇五(明治三八)年です。兼六園の近くに住む宣教師によって設けられた金沢育児院が最初でした。その後、金沢市出身の仏教哲学者、鈴木大拙を支援したとされる実業家の安宅彌吉氏の親族が、一九一八(大正七)年に市内で託児所を開きました。

昭和に入り、戦後のベビーブームが起こりました。その結果、昭和四〇年代から五〇年代にかけて、保育所の増設が続きます。これには篤志家による用地の提供がありました。二〇一四年四月、市内の保育所の数は一一二か所で、うち県立が一か所、市立が一三か所、私立が九八か所です。また、幼稚園の数は三七か所で、すべて私立です。

このように私立が圧倒的に多く、幼稚園より保育所の数が多い背景は何でしょうか。金沢

は、かつて仏教王国と呼ばれた土地柄です。加えて、積雪という自然条件のもとで培われてきた助けあいの気風が影響していると思うのです。また、九谷焼とか、金箔とか、加賀友禅、加賀繡《ぬい》など、家で働く手仕事のまちです。子どもを預けて仕事に打ちこむためにも、保育所が必要だったのです。

町内会の起源は藩政時代

金沢の共同社会を支える住民組織について、説明しましょう。

まず、町内会（町会）ですが、その起源は藩政時代にさかのぼるともいわれます。戦時下では行政の末端機関として、防空演習や塩・砂糖などの配給が主な役割でした。一九四七（昭和二二）年、ポツダム政令により解散させられ、住民の自治組織となりました。地域住民の親睦を中心に自治行政を補完する任意団体として、金沢で町会連合会が結成されたのは一九六二年でした。

二〇一一年四月一日現在、町会数は一三五九、町会内の班の数は一万二〇三〇を数えます。また、町会の加入率は七三・〇三％で全国的にも高いのですが、二〇〇一年は七七・一九％、二〇〇六年は七六・〇三％であり、近年、少しずつ低下していることが気がかりです。

公民館、消防団の運営に「金沢方式」

公民館は、一九四九（昭和二四）年に社会教育法の施行により誕生しました。現在、金沢市では、小学校の通学区域（金沢市では「校下《こうか》」と呼ぶ）ごとに存在している地区が運営する公民館が六〇館、市営の公民館が二館あります。地区公民館の建設費用と運営費用は、金沢市が七五％を負担し、残り二五％は地元負担金や自主事業収入で賄《まかな》われています。

館長は市教育委員会が任命しますが、公民館主事は館長が任命し、地区公民館の運営委員は町内会が選んでいます。この地元負担と地域主導の運営方法は全国的にも珍しく、「金沢方式」と呼ばれています。

校下婦人会は、校下ごとの女性による社会教育団体です。公民館とも連携して活動しています。地区社会福祉協議会は、校下ごとの民生委員と児童委員、その他の団体からなる住民組織となっています。善隣館のあるところでは、これとの連携が図られています。

消防団は「加賀鳶《かがとび》」の別称で呼ばれ、一七一八（享保三）年、江戸の藩邸を守るための火消

加賀鳶による，消防の出初式

しがはじまりとされます。一八七一（明治四）年の廃藩置県にともない、加賀藩前田家の江戸屋敷（現在の東京都文京区本郷の東大キャンパス）から、火消し約三〇人が金沢へ移り住みました。そして、地元住民を加え、約二七〇人の「火消し組」をつくったのです。

二〇一四年現在、校下ごとに四九の消防分団があり、団員数は一二三二人。消防団の施設や機材の費用負担は金沢独自のもので、消防ポンプ車は購入費用の七五〜九〇％を、また機械器具置場の建設費用は三分の二を金沢市が支出し、残りは住民が負担しています。消防団は、市が組織する常備消防といっしょに消火活動の現場に従事することが特徴です。大火、洪水、地震など大規模災害の対応に、消防団の存在は欠かせません。

コミュニティづくりを怠りなく

金沢市では、いくらかでもコミュニティづくりに役立つことを期待し、子ども会の御輿《みこし》や太鼓の購入に、さらに、その収納庫の整備に支援してきました。子ども会の行事には大人も参加することから、町内会の結成や組織強化にもつながることを願ったのです。この支援により、新興団地などに町内会ができた事例もありました。

金沢市は、かつて町内会に拍子木《ひょうしぎ》を配りました。これを使って、現在も一部で夜まわりが実施されています。当番を決め、大人に子どもも加わって、夜に「火の用心、火の用心」、「戸締まり用心、火の用心」と連呼しながら、町をまわるのです。こうした災害防止や防犯の自助活動は、ぜひ、いつまでも続けていきたいものです。

また、冬にはバス停にスコップを置くことにしました。バスを待つ乗客に、停留所付近の除雪をお願いするためです。

除排雪には市民の協力が必須です。市が管理する道路であるからといって、すべてを市が除排雪するなど、財政的にもできることではありません。もちろん、行政と住民や民間の役割分担やどのようなときに実施するかを公開して、市民の理解を得ることが前提となります。また、積雪時における高齢者など社会的弱者に対する支援については、近隣住民の協力も得て、きめ細かな施策に万全を期さなければなりません。

コミュニティの弱体化と集団組織の多様化

金沢では、裸の付き合いができた銭湯が、めっきり数を減らしました。子どもたちの遊び場であり、盆踊りの会場でもあった寺社の境内は、駐車場に変わりました。

野菜を洗い、洗濯をし、語らいもした場所であった湧き水の「清水《しょうず》」は、地下水の汲み上げで涸《か》れ、機能を失いました。互いに出した掛け金をくじで順繰りに利用しあった頼母子講《たのもしこう》はほとんど姿を消し、僧侶の法話を聞き、食事をともにする報恩講《ほうおんこう》も少なくなりました。

かつて農村では、農繁期に労力を提供しあう相互扶助の仕組みがあり、「結（ユイともイともいう）」と呼びました。これも、作業を外注し、金銭払いにしたことで、見られなくなりました。つまり、「生活の外部化」で「生活の個人化」がおこなわれ、これと引きかえに共同社会（コミュニティ）は消えつつあるのです。

結果として、集団の縛りから個人が解放され、自由を手にしたものの、人々の孤独感は深まりました。

一方、激しい競争が日常化し、緊張の多い非人間的な争いに疲れたことから、人間性の回復を求める気運があります。主に福祉や環境問題について、互いのコミュニケーションを図ろうと集団や組織がつくられています。NPO法人の設立による活動がその例で、インターネットを通じて地域を越える連携も見受けられます。つまり、目的ごとの自発的な社会（アソシエーション）の形成です。価値ある集団や組織ですが、災害時の救助のような現場性や即時性が求められる場合には、限界もあるようです。

金沢市は、早くからボランティア活動の意義と必要性に注目していました。一九九四（平成六）年、ボランティアの基本や知識・技能を学ぶための「金沢ボランティア大学校」を全国の自治体で初めて設立しました。研修コースの一つに「観光」があり、この修了生によって金沢の観光ガイドを担う組織がつくられました。第1章でもふれたように、名称を金沢弁で「こんにちは」の意味の「まいどさん」といい、結成されて二〇年、全国に誇る活動で知られています。まさにガイドのためのボランタリー・アソシエーション（吉田春生『観光と地域社会』）と呼ぶべきものです。ガイドは人のため、まちのためです。同時に、みずからを高めることに生きがいを求めているのです。

たとえば、このような中間形態も含めて、さまざまな集団や組織に関心を寄せていきたいものです。

4　用水の蓋を取りはずして

「見える用水」に

市内を流れる用水は、ものを洗い、世間話を交わす空間でした。しかし、いつの間にか用水に蓋《ふた》がされ、車が置かれるなど、コミュニティ空間としての役割を失ってしまったのです。

金沢を代表する繁華街の香林坊を横切って流れ、郊外で灌漑《かんがい》に使われている用水が鞍月《くらつき》用水です。香林坊地区では、用水の暗渠《あんきょ》沿いにある飲食店や住宅に気がかりなことがありました。車社会の進行につれ、駐車場に使っていたからです。橋は市の負担で架け替えが可能で

鞍月用水には蓋がされていたが(上)，1995 年から取りはずすことをはじめた(下)

すが、駐車場をなくすためには車を別の場所に移さねばなりません。「見えない用水」を「見える用水」へ、金沢市は一九九五年から鞍月用水開渠《かいきょ》整備事業をはじめました。用水に蓋をしている暗渠の部分を取りはずす工事に反対する人たちもいて、住民と市との話しあいは難航しました。しかし市の職員は辛抱強く、一つひとつ、住民の要望を聞いて対応したのです。

工事区間は約一五〇〇メートル、架け替えた橋の数は九三におよび、総事業費二六億二八〇〇万円の大事業で、竣工《しゅんこう》までに一〇年の歳月を要しました。

このような事業は、おそらく全国でも例がないでしょう。むずかしい仕事でしたが、住民の方々の理解と職員の熱意で、豊かで清らかな流れが市民や観光客の視覚に戻ったのです。せせらぎの音も楽しめるようになりました。

整備にあわせて、用水の上に少しばかりせりだした歩道を設け、三か所の親水公園を設けました。商店街も喜んでくれ、通りは「せせらぎ通り」と名づけられました(本章扉写真)。この通りの雰囲気を活かした、粋な店も出てきました。透き通った用水に見入り、せせらぎを聞きながら歩く観光客にも歓迎されています。

なぜ、こんな厄介な仕事に、あえて挑んだのか。

まず、車社会へのアンチテーゼでした。さらに、用水の蓋を取りはずしただけでなく、川辺に下りられるように一一か所に石段を設けました。下りたところでは、かつて、洗濯や野菜の土を落とす作業がおこなわれていました。

水仕事をしながら親交を深めた、かしましいコミュニティ空間の再生を夢見たのです。言いかえれば、いま一度、生活の場に人間性の回復を願ったのです。

雪吊り、友禅流しは文化的景観

金沢市が歴史まちづくり法によって、歴史的風致の維持と向上をめざす歴史都市に国により認定されたのが二〇〇九年のことでした。

また、文化財保護法により、文化的景観地の保全のための重要文化的景観の選定を受けたのが二〇一〇年でした。市内の文化的景観選定区域は、金沢城周辺、卯辰山公園の両区域と、犀川、浅野川、大野庄《おおのしょう》、鞍月、辰巳の各用水、惣構跡《そうがまえあと》などで、総面積は二九二ヘクタール。いわば近世城下町の構造を、そのまま残す地域と重なっています。

重要文化的景観とは、環境に応じ、歴史のなかでつくりあげられた住民の営みによる風景なのです。これは、二〇〇四年の文化財保護法の改正で、従来の天然記念物などに加えて、保存の対象となったものです。主として農山村の風景が対象で、宇和島市「遊子《ゆす》水荷浦《みずがうら》の段畑」、「近江八幡の水郷」、「四万十川流域の文化的景観」などが含まれています。

しかし、ここへきて、田園風景ではない宇治市と金沢市の文化的景観が選定されました。金沢の歴史的風致や文化的景観の構成要素といえば、歴史的建造物だけではありません。用水も露地も、泉水《せんすい》も茶室も、雪吊り、友禅流し、さらに、謡曲を口ずさみながらおこなう植木職人の剪定《せんてい》作業も、茶室で営まれる茶事《ちゃじ》も、その一部を成《な》しています。金沢の文化的景観と城下町文化とは、その内容において重なりあっているのです。

さらに、まちなかの金沢21世紀美術館と卯辰山にある金沢卯辰山工芸工房が、重要文化的景観の構成要素に含まれました。

このことは、「住民が積極的に理想の景観を求めていく創造的景観」（金田章裕『文化的景観』）への期待を込めたものでしょう。すなわち、この二つの施設によってつちかわれる市民の文化性や美的感覚が、金沢の現代と未来における文化的景観を生みだすからです。

文化的景観の保全施策を総合化し、体系化して、その一つひとつを地道に実践していくことこそが、金沢の魅力につながるのです。

美しい景観へ

「美しい建物をつくることも大事だが、それ以上に大事なことは、美しい景観をつくることだ」とは、建築家の谷口吉郎氏の言葉です。氏は、景観破壊の進む日本の都市状況を憂慮し、とりわけ非戦災都市金沢の伝統環境の保存の緊要性を強調されました。

これが契機となって、一九六八(昭和四三)年、全国初の「金沢市伝統環境保存条例」が制定されたのです。この条例は、いわゆる宣言条例の域にとどまるものでしたが、それでも倉敷市の条例制定がこれに続くなど、景観の大切さを訴えた点で意味がありました。

一九七〇年代から九〇年代にかけて、金沢市内で景観を阻害する事例が相次ぎました。寺町台で高層マンションが建ち、浅野川の天神橋下流の左岸では、一〇階、一一階建てのマンションが建ち並びました。

一方、まちなかの国道一五七号線沿いの銀行や保険会社などの明治、大正時代の由緒ある歴史的建造物が、建て替えのために次々と壊されていきました。

こうしたことがあって、一九八九(平成元)年に伝統環境保存条例が見直され、「金沢市における伝統環境の保存及び美しい景観の形成に関する条例」として制定されました。伝統環境保存区域と近代的都市景観創出区域が設定され、それぞれの区域に応じて、建物の高さや敷地のあり方、壁面の位置、形態、意匠などの景観を形成する基準が定められました。

二〇〇四年に国で「景観法」が制定されましたが、この審議にあたり、当時市長だった私も国会に招致され、意見陳述をおこないました。国は、金沢市と京都市の先進事例を参考にしたのです。この法律の制定を受け、金沢市は旧条例をすべて改正し、「金沢市における美しい景観のまちづくりに関する条例」を制定。伝統環境調和区域を新たに設けるなど、施策のいっそうの充実と強化が図られたのです。

金沢市では、この条例のほかに、景観関連の条例一三本を相次いで制定しました。「金沢市こまちなみ保存条例」をはじめ、「金沢市用水保全条例」、「金沢市斜面緑地保全条例」、「金沢の歴史的文化資産である寺社等の風景の保全に関する条例」などです。いずれも、金沢の歴史や自然条件を背景に制定した、全国にも例のない条例です。

経済学者のジョン・K・ガルブレイスは、「近代文明の一つの失敗は、美術や芸術、建築に心は届いていたかもしれませんが、それに引き換え地方都市や牧歌的な農村の道路わきの美意識を怠ってきたのでは」と述べています(『北國新聞』一九九〇年一〇月五日)。これに応えるように、沿道住民の協力で美化・緑化を進める「金沢市における美しい沿道景観の形成に関する条例」も制定しました。

景観は公共の財産

景観は、「自分だけが目立てばよい」というのでは成り立ちません。看板の一つにも、その大きさ、色彩、内容などに気配りと吟味が必要です。集合看板の設置を奨《すす》めるなど屋外広告物を秩序立てるほか、電線類の地中化に積極的に取りかかっていかなければなりません。また、夜間景観や眺望景観、俯瞰《ふかん》景観のあり方について考えることも緊要です。

さらに金沢市は、まちなかの武家屋敷跡一帯(長町地区)を景観法による景観地区に指定しました。さまざまな開発や投資がおこなわれて景観破壊が起きないように、歴史都市の風致が損なわれないように、これからも続けなければなりません。

5　まちなかを凝縮させる

まちから「屋」の付く店が消えた

一九九二(平成四)年にバブルが崩壊し、二〇〇八年には、リーマンショックが起きました。長引く不況下で、中小企業の倒産が相次ぎました。規制緩和による大型店の進出も加わって、米屋、魚屋、八百屋、酒屋、呉服屋など「屋」の字が付く商売と商店が、まちなかから消えました。

二〇〇一年に、「金沢市商業環境形成指針」を策定しました。そして市街化区域で床面積の合計が一〇〇〇平方メートル以上の集客施設を建てようとするときに、設計着手前に市との協議が必要と定めました。

これに対して、規制緩和の国策に反するとして、当時の通商産業省からストップがかかりました。

しかし、まちなかの小さな商店が次々とシャッターを下ろし、店を閉じていく状況は、見るに忍びませんでした。出店する商業資本の側は、土地を自己所有するのではなく、借りるだけなので撤退も早いのです。この後始末は容易ではありません。もちろん、商業環境形成指針に強制力はありませんが、単なるガイドラインに過ぎなくても、「ないよりはいい」とする論理だったのです。

できることなら何でもやる

中心市街地の活性化には、一つの施策だけでは決定打になりません。特効薬がない以上、あらゆる施策を重層的、総合的に展開する必要があります。できることならば何でもいい、ともかく失敗を恐れず、あえてやってみることにしました。加えて、まちの拡散を防ぎ、まちなかを凝縮させることにエネルギーを集中しました。

金沢21世紀美術館を開館させ、市民の台所で観光客にも人気の高い近江町市場の再整備をおこない、まちなかの賑わい創出を図りました。一方、定住促進策として、「まちなか住宅建築奨励金制度」を創設しました。「ご当地ナンバー」の先駆けもありました。

学生のまち市民交流館

金沢市の推計人口は、二〇一二年には五年前に比べて、一・四%増えたのです。

学生のまち市民交流館を整備

二〇一二年七月現在の金沢市の外国人登録者は四六〇七人、三七九五世帯であり、一〇年前の三七八〇人、二七九九世帯を大きく上まわっています。また、海外からの留学生は一二五一人で、一〇年前の二倍に増加しています。

石川県では高等教育機関の数が多く、二〇一一年五月現在、人口あたりの学校数は、全国三位、学生数は全国七位となっています。また、金沢市と近郊の高等教育機関の数は一八、市内の専門学校数は二二、学生数は三万五〇〇〇におよびます。

学生がまちなかに出て、さまざまな活動をおこなうことは、学生とまちにとって意味のあることです。まちなかの片町界隈に、計画段階から学生の声を取り入れた「金沢学生のまち市民交流館」（前ページの写真）を整備しました。

建物は、大正時代の金沢の町家で、市指定の保存建造物です。犀川大橋の近くにあった旧料亭の大広間の建築材を市で何年も保存していましたが、これを再生利用し、交流ホールもつくられました。交流館では、市民も参加する運営会議によって、学生と市民の交流をうながすための事業を実施しています。商店街のイベントに参加、協力したり、学生グループが地域と協定を結び、雪かきボランティアに従事する、などがその例です。

学生団体の利用は無料です。ゼミや集会、会議などに活用し、学生時代の思い出にしてほしいですし、これでまちなかが元気になったら、まさに一挙両得といえましょう。

6　世界を視野に

金沢市の姉妹都市

金沢市は、アメリカ、ニューヨーク州のバッファロー市、ロシアのイルクーツク市、ブラジル南部のポルト・アレグレ市、ベルギーのゲント市、フランス北部のナンシー市、中国の蘇州市、韓国の全州《チョンジュ》市の世界七都市と姉妹都市契約を結んでいます。ほかにも、中国の大連市とは友好関係にあります。

ナンシー市との姉妹都市提携は、一九七三(昭和四八)年にはじまりました。ナンシー市は、フランスのロレーヌ地方の中心都市で、パリ東駅からＴＧＶで一時間半、一五世紀から一七六六年まで独立していたロレーヌ公国の首都でした。ガラス工芸の巨匠エミール・ガレを生んだまちであり、一九世紀末にアール・ヌーヴォーの花が開いたことでも知られます。まちの中心にあるロレーヌ公だったポーランド王の名に由来するスタニスラス広場は、世界遺産に登録されています。

交流を続けるなかで、二〇〇七年、当時のナンシー市長のアンドレ・ロシノ氏と金沢市長だった私との間で約束を交わしました。それは、「これまでのとかく儀礼的な付き合いではなく、もっと実のある交流に変えていこう」というものでした。そこで、姉妹都市関係にある日仏両国の都市が二年に一度、一堂に会し、都市問題を討議し、それぞれの運営に資することにしました。会議名を「日仏自治体交流会議」と決めました。

第一回は二〇〇八年にナンシー市で、第二回は二〇一〇年に金沢市で、第三回はフランスのシャルトル市とコンピエーニュ市で開催されました。討議は熱心になされ、会議は大成功でした。次回以降も継続され、第四回会議は二〇一四年一〇月に高松市で開かれます。

都市間の交流は、単なる儀礼的なものから、テーマを共有する国レベルの実のある交流へと高められたのです。

環日本海交流へ

イルクーツク市との姉妹都市提携は古く、一九六七(昭和四二)年にさかのぼります。イルクーツク市はシベリア鉄道の東の拠点。シベリア東部の中心都市で、ヨーロッパ風の建物や古い木造建築が数多く残る古都です。世界遺産(自然遺産)のバイカル湖でも知られます。一九八九年から毎年、受け入れと派遣を交互に、中学生の親善交流が実施されています。

これとは別に、モスクワから北東二八〇キロ、列車で三時間半、ヴォルガ川とコトロスリ川の合流点にヤロスラヴリというまちがあります。シベリア鉄道の西の拠点です。一〇〇〇年の歴史を持つ古都で、「ヤロスラヴリ市街の歴史地区」として世界遺産(文化遺産)に登録されています。

二〇一〇年、建設機械・産業機械のコマツが、ここに新工場を建設しました。金沢から姉妹都市のイルクーツクを起点に、シベリア鉄道を経てヤロスラヴリにつながったのです。また、ヤロスラヴリ州立医科大学と金沢医科大学との間に学術提携が結ばれており、両市の経済、学術、文化の本格的な交流も夢ではありません。

蘇州市とは、一九八一(昭和五六)年に姉妹都市契約を結んでいます。蘇州市は、約二五〇〇年前、「呉」の国の都として築かれました。市内に水路が縦横にはしり、「東洋のヴェニス」と称される水郷都市です。また、寒山寺などの名所旧跡が多く、拙政園《せっせいえん》、留園《りゅうえん》など九か所の庭園が世界遺産(文化遺産)に選定されています。

近年、日本を含む多くの外国企業が郊外の工業新区に進出しています。また、金沢市との間では、二〇〇一年から毎年、中学生の親善交流が受け入れと派遣を交互に実施されているほか、民間の水墨画交流などがおこなわれています。

韓国の全州市とは、二〇〇二年に姉妹都市契約が結ばれました。全州市は、「後百済」の都で、一〇〇〇年余りの歴史がある全羅北道の道都です。韓紙、パンソリ《ハンジ》(伝統音楽)などが有名です。また、穀倉地帯で、全州ビビンバ発祥の地でもあります。二〇一二年には、食の分野で金沢市と同じ、ユネスコ創造都市に選定されました。韓紙文化振興院との間で、伝統文化に関する交流展が、二〇〇二年から毎年、交互に開催されています。

蘇州市と全州市も、一九九六年に姉妹都市契約を締結しました。こうして、金沢市を加えた三市のトライアングル関係が生まれたのです。二〇一〇年から毎年、輪番制で民間による囲碁の親善交流大会が開かれ、二〇一四年からは三市の工業系高等学校の生徒の相互派遣研修が実施されます。

なお、中国上海空港と小松空港の間には中国東方航空による直行便が週四便運行し、一方、韓国仁川空港と小松空港の間には大韓航空による直行便が週三便運行、人の交流が進んでいます。

二〇一三年九月のこと。私が市長職を退いて、すでに三年の歳月が流れていました。蘇州市人民対外友好協会から、蘇州市長諮問会議に出席してほしいと招待状が届きました。思いがけぬことでした。

これには、金沢市で国際交流員として働いた蘇州市対外友好協会事務局の朱聖才《ジュションツァイ》氏ら六人の思いがありました。それぞれ金沢市での任務を終えて帰国し、要職に就き活躍していますが、「自分たちの現在があるのは、金沢市で文化を学び得たおかげ」と話しあい、私を招くことになったそうです。

招きに応え、会議に出席し、蘇州市の発展ぶりを確認し、互いに旧交をあたためました。時空を超えて「友情は生きている」と一入《ひとしお》感慨にひたったものです。

全州市の韓紙文化振興院前理事長の李相七《イサンチル》氏は、私の市長退任にあたり、遠く拙宅まで訪ねてきてくれた畏敬《いけい》する友人です。金沢の伝統文化の理解者で、全州市と金沢市の文化交流と日韓の友好親善に、引き続き力を尽くされるものと信じています。

このように蘇州市、全州市のいずれにあっても、心の通う信頼関係を私は体験しています。それなのに、ここへきて日本と中国、韓国の間には、尖閣諸島や竹島の領有権などをめぐって緊張関係が続き、憂慮されるところです。自治体同士、人間同士の関係が、国家間の対立や抗争を解く契機になればと願うばかりです。「歴史が動くとき、常に、そこには無名の力が働いている」――この言葉を信じながら、努力の火を消してはなりません。

7 平和と文化の相関

ユネスコ・クラフト創造都市とユネスコスクール

金沢市は、二〇〇九年、ユネスコからクラフト創造都市に登録されました。二〇一四年二月現在、世界四一市のネットワーク加盟都市で交流がおこなわれており、究極は、世界平和に寄与していくことになります。

さらに、金沢市内の四六の小中学校が「ユネスコスクール」に認定されました。ユネスコスクールとは、一九五三(昭和二八)年、ユネスコ憲章に示された理念を学校現場で実践するため、国際理解教育の実験的な試みを比較研究するために発足したものです。ここでは、世界中のユネスコスクールと交流し、地球規模の諸問題に若者が対処できるような新しい教育内容や手法の開発、発展をめざしています。二〇一四年四月現在、日本からは七〇五校の幼稚園、小中学校、高等学校および教員養成学校が参加しています。

金沢は東洋のチューリッヒ

金沢市長だった岡良一氏と、三木内閣で文部大臣をつとめた永井道雄氏とは、親交がありました。私が市長職に就いて間もないころ、その永井氏から教わった言葉が忘れられません。「世界で三〇〇年もしくは四〇〇年の間、戦禍に遭《あ》わなかったまちは、スイスのチューリッヒと金沢だけです」というものでした。まさかと思うほど、衝撃的な言葉でした。

加賀藩前田家は、徳川家との間に政略結婚をおこない、姻戚関係を築いてきました。三代利常が二代将軍秀忠の娘、珠姫を正室に迎え、五代綱紀は家康の曽孫の摩須子を、一三代斉泰は一一代将軍家斉の娘の溶姫を迎えたのです。東京大学構内にある赤門は、一八二七（文政一〇）年、溶姫が嫁ぐときに前田家上屋敷に造られたものです。ほかにも前田家は、戦いを回避するため、臆病なまでに気を遣い、知恵をしぼったのです。

かつて、金沢には貴重な体験がありました。一九四五年八月一五日、あの厳しく辛かった第二次世界大戦が終結しました。そのわずか二か月後の一〇月、石川県美術文化協会に所属する三〇代の若い美術家たちが一念発起し、第一回現代美術展を開きました。会場は、市内本多町にあった北陸海軍館の建物で、なんと応募作品は四七〇点余り。入場者は四万人を超え、会期が延長されるほど盛況でした。

長い戦時下にあって抑圧されていた美術家たちの創作意欲に火がつき、芸術文化に飢えていた県民、市民の欲求が、魂のマグマとなって一気に噴き出したのです。平和がいかに文化に欠かせぬものであるかの証でもありました。

ドイツの神学者で、哲学者、医者、音楽家でもあったアルベルト・シュヴァイツァーは、「戦争で文化が崩壊したという。そうではない。文化の衰退が戦争を起こしたのだ」と指摘しています。

平和なくして文化はなく
平和はまた文化によってつくられる

平和と文化の相関を金沢の市是《しぜ》とし、一人ひとりの力はたとえ小さく弱くとも、わずかでもいい、平和の擁護に努力を続けなければならないのです。

禅の思想で世界平和を

金沢が生んだ世界的な仏教哲学者で、東洋の聖者とも呼ばれた鈴木大拙は、東西をつなぐ、まさに思想の架け橋でありました。

西洋の考え方は、左か右か、東か西か、二つにわけることからはじめますが、東洋では、はじめからわけることをしません。いわば「わけないところからはじめる」のです。この「わける、わけない」は、西洋の庭園が左右対称の幾何学的な造形なのに対し、東洋のそれは、石も木も泉水も路《みち》も、ありのままの無造作な配置であることからもわかります。自然に、無為《むい》に、ありのままに、そのなかから妙《たえ》なるものを見出す。

これが日本、東洋の思惟《しい》であり、禅の思想でありましょう。大拙は、こうした東洋の思考を「円融自在《えんゆうじざい》」の言葉で表現しました。

五五年体制が崩壊したとはいえ、民族紛争は、いまもなお世界の各地で止むことを知りません。それだけに対峙《たいじ》と拮抗《きっこう》を解きほぐし、大拙が唱えた「それぞれの人間たちが個性を発揮しつつ、相互に融和し円満な世界を形成する」という意味の「円融自在」の思想があまねく広まり、世界の平和に貢献することを切に願ってやみません。

8 北陸新幹線がやってくる

二〇一五年春、北陸新幹線は金沢開業を迎えます。列車の名称は、主要駅のみに停車する速達タイプが「かがやき」、停車駅の多いタイプが「はくたか」、一時間に一本程度の運転で金沢—富山間を往復するシャトルタイプが「つるぎ」です。新型車両のテーマは「和の未来」。外装には、アイボリーホワイトを基調に、空や銅の色といった日本の伝統的な色が用いられ、友禅や漆器を連想させる内装が施されました。

「かがやき」による東京—金沢間の所要時間は二時間二八分、時間短縮効果は約一時間二〇分。交流人口の増加は、現在の約一・五倍といわれます。また、経済効果は、マイナス効果を差し引いても一二四億円と試算されています。

これからの北陸新幹線時代、豊かな地域の資源――歴史、自然、文化、産業のそれぞれをどう組みあわせ、いかに選択するかが問われています。同様に、新幹線、陸路、海路、空路の各交通手段の組みあわせと選択も求められるでしょう。また、これらの組みあわせを変えてみることが、観光客のリピーター化につながるのです。

北陸新幹線の金沢開業により、暮らしと経済活動に大きな変化が起きるでしょう。しかし、変わってはならないもの、それは、自然と環境、文化とコミュニティでしょう。これらをしっかりと守りながら、来訪者をあたたかく迎えるおもてなしの心も変わってはなりません。雪道を譲りあう思いやり、玄関に打ち水をして客を待つ心遣い、これこそ新幹線時代にあって、忘れてはならない金沢文化の所産なのです。そして、そのおもてなしは、みずからと、みずからのまちを知ってこそ可能となるのです。

金沢は、城が築かれて以来、戦火に見まわれることがなかったことから、まちにそれぞれの時代相が伝わりました。金沢には、昔もあれば今もある、まるでバウムクーヘンのようなまちなのです。金沢を「歴史の多層性のまち」と呼びたいゆえんです。

他方、金沢は、平和のうちに学術と文化を育んできました。その結果、伝統芸能や伝統工芸もあれば、音楽も演劇も現代美術もあります。クラフト産業も先端技術産業もコンテンツ産業も存在しています。金沢を「文化の多様性のまち」と呼びたい理由です。

この「歴史の多層性」と「文化の多様性」は、金沢の特徴であり、魅力でもありましょう。

ちょっと寄り道

金沢は「サンジャ」のまち

教育・社会学者の永井道雄氏(一九二三〜二〇〇〇年)は、戦前に逓信大臣や鉄道大臣などを歴任した金沢市出身の政治家、永井柳太郎氏の子息です。

その永井氏が、戦争の足音が近づいていたころ、京都帝国大学入学の日に、西田幾多郎博士(一八七〇〜一九四五年)を京都市内の私邸に訪ねます。西田博士は、金沢市に近い石川県宇ノ気町(現在のかほく市)の出身で、石川県専門学校(旧制第四高等中学校の前身、のちの第四高等学校)で学び、四高教授として、のちに学習院教授、京都帝国大学教授として教壇に立った、日本を代表する哲学者です。その著書『善の研究』は、日本人による最初の独創的な哲学体系とされています。

永井氏の訪問を受けた博士は、「金沢はサンジャのまちと思うが、わかるかね」と語りかけたそうです。博士は言葉を継いで、「サンジャとは、三つの者のこと。一つは医者、二つは芸者、三つは哲学者でしょう」と話され、少し間《ま》をおいて、「三者のどれもが多くいるまちは、おそらく世界で金沢だけでしょう」と愉快そうに笑われたそうです。

確かに金沢は、古くから医科大学があって、医者が多いまちです。また、京都と同じく茶屋街があって、芸妓がいます。それに、鈴木大拙、暁烏敏《あけがらすはや》、西田幾多郎という仏教学者、宗教家、哲学者を生み育てました。このような三者の存在は、金沢の特色であると博士は指摘されたのです。ただ、謹厳実直《きんげんじっちょく》な博士の口から、芸者という言葉が聞かれたことは何とも意外です。しかし、芸妓のあでやかで、つややかで、しとやかな立居振舞《たちいふるまい》や芸は、まさに文化です。この文化と学術が、金沢の個性であり特質なのです。「金沢は三者のまち」とは、言い得て妙です。

あとがき

「金沢は一周遅れのトップランナーであれ」――これは、金沢市出身で文部大臣をつとめられた永井道雄氏が、私に話された忘れ難い一言です。

一方、ニューヨーク・ポスト紙の記者であったロバータ・グラッツ女史は、著書『都市再生』で、「都市は〔中略〕一夜で生まれ変わるわけでもない」、「多くの参加者が少しずつ力を出し、小さな変化から大きな違いを作っていくとき、都市はもっとも確実に応える」と書いています。

まちは、長い時間のスパンのなかで、ていねいにつくりあげていくことが大切です。

まちづくりには、テーマがあってストーリーが必要です。理念のもとに、計画と方針があるべきです。計画と方針に沿って、拙速を避け、識者や市民の意見を聴きながら、ゆっくりとつくりあげていく過程が、まちづくりでしょう。もし、理念や計画・方針を変えようとするなら、識者による審議と市民の合意が欠かせません。

「まちは市民の手に成る芸術品」といわれます。市民一人ひとりの協力と参画が必要です。いたずらに効率と機能を追い求めるのではなく、歴史や伝統を重んじ、住む人の息づかいが聞こえる、そんなまちこそ望まれます。あわせて、まちは美しくなければなりません。そのためにも、緑と水を守り育てるほか、市民と企業の美的感性が磨かれ、高められなければならないのです。

そして、高度福祉社会の未来は、弱者を思いやる福祉と心の優しい人をつくる教育、そしてコミュニティの持つ文化力と創造力にかかわっていると思っています。その意味で、コミュニティづくりは、とりわけ重要です。また、そのときは市民に謙虚で誠実で、時には理《ことわり》を尽くす姿勢こそ、行政に求められるでしょう。

この本は、金沢の成り立ちから現代までのまちづくりと市民の暮らしの歩みをまとめたものです。一人でも多くの方にお読みいただき、いささかでも参考になれば幸いです。そして、これからの金沢にご助言をくだされば、望外の幸せです。

新書という媒体の性格上、本文中には、参考にした文献をすべては明記せず、本の最後にいれさせていただきました。参考にさせていただきました文献の執筆者のみなさまに、深く感謝申し上げます。

なお、この本を刊行するにあたって、かつて仕事をともにした石野圭祐さんに、資料の収集や整理に格別の尽力をいただきました。心からお礼を申し上げます。

また、この出版にあたって、あたたかく導いてくださった、岩波書店の新書編集部、校正、製作の担当者のみなさまに、深く感謝の意を表します。

さらに、この本が岩波書店の創業一〇〇年の記念すべき年に準備され、出版に至ったことは、私の市長時代に何かとご指導、ご支援を賜りました金沢市出身の元社長、故安江良介氏との不思議なご縁を感じます。ここに故人を偲び、感謝し、あらためてご冥福をお祈り申し上げます。

二〇一四年七月

山出　保

主要参考文献

阿部志郎ほか編『小地域福祉活動の原点　金沢――善隣館活動の過去・現在・未来』全国社会福祉協議会、一九九三
石川県『石川県のモノづくり産業の歴史と産業遺産』石川県商工労働部産業政策課、二〇一二
石川県歴史書刊行会編『加賀・能登の工芸』北國新聞社、一九九五
永六輔『職人』岩波新書、一九九六
大熊玄『鈴木大拙の言葉　世界人としての日本人』朝文社、二〇〇九
大西隆、小林光編著、竹本和彦ほか著『低炭素都市　これからのまちづくり』学芸出版社、二〇一〇
小川正人『市町村の教育改革が学校を変える――教育委員会制度の可能性』岩波書店、二〇〇六
海道清信『コンパクトシティ　持続可能な社会の都市像を求めて』学芸出版社、二〇〇一
金沢市都市政策部企画調整課編『金沢世界都市構想』金沢市、一九九五
金沢市『金沢世界都市戦略への提言』金沢市、二〇〇一
金沢市都市政策部文化財保護課編『金沢市歴史のまちしるべ案内』金沢市文化財紀要217、二〇〇四
金沢市都市整備部駅周辺整備課『金沢駅東広場工事記録誌』二〇〇五
金沢大学創基150年史編纂部会編『金沢大学創基150年史』北國新聞社、二〇一二
金沢美術工芸大学美術工芸研究所『加賀藩御細工所の研究1、2』金沢美術工芸大学美術工芸研究所、一九八九、一九九三

金沢美術工芸大学50年史編纂委員会編『金沢美術工芸大学50年史』金沢美術工芸大学、一九九六
金田章裕『文化的景観――生活となりわいの物語』日本経済新聞出版社、二〇一二
川村健一、小門裕幸『サスティナブル・コミュニティ――持続可能な都市のあり方を求めて』学芸出版社、一九九五
越澤明『復興計画　幕末・明治の大火から阪神・淡路大震災まで』中央公論新社、二〇〇五
佐々木雅幸『創造都市への挑戦――産業と文化の息づく街へ』岩波現代文庫、二〇一二
19世紀加賀藩「技術文化」研究会編『時代に挑んだ科学者たち　19世紀加賀藩の技術文化』北國新聞社、二〇〇九
新藤宗幸『教育委員会――何が問題か』岩波新書、二〇一三
須田寛『新しい観光　産業観光・街道観光・都市観光』交通新聞社、二〇〇六
仙田満、佐藤滋編著『都市環境デザイン論』放送大学教育振興会、二〇一〇
全国市長会ほか地方六団体『国庫補助負担金等に関する改革案』二〇〇四
千代芳子、大島宗翠、小林忠雄、吉村進之助『金沢の和菓子』十月社、一九九四
中島正人『国土・地域政策における「開発」概念の転換』中島正人、二〇一〇
西尾勝『地方分権改革』東京大学出版会、二〇〇七
西村幸夫編『まちづくり学　アイディアから実現までのプロセス』朝倉書店、二〇〇七
二宮哲雄編『金沢――伝統・再生・アメニティ』御茶の水書房、一九九一
野村実『人間シュヴァイツェル』岩波新書、一九七一

主要参考文献

橋本澄夫、東四柳史明、高澤裕一、奥田晴樹、橋本哲哉『ふるさと石川歴史館』北國新聞社、二〇〇二
原谷一郎『百万石物語　加賀藩政と徳川幕府』北国出版社、一九八〇
平林博二『フランスに学ぶ国家ブランド』朝日新聞出版、二〇〇八
二木謙一監修『前田家三代の女性たち　國學院大學石川県文化講演会の記録』北國新聞社、二〇〇〇
丸山高満『日本地方税制史』ぎょうせい、一九八五
見瀬和雄『利家・利長・利常　前田三代の人と政治』北國新聞社、二〇〇二
蓑豊『超・美術館革命　金沢21世紀美術館の挑戦』角川書店、二〇〇七
宮本憲一『維持可能な社会に向かって――公害は終わっていない』岩波書店、二〇〇六
山出保『金沢の気骨――文化でまちづくり』北國新聞社、二〇一三
吉田春生『観光と地域社会』ミネルヴァ書房、二〇〇六
読売新聞金沢総局『金沢百年　町名を辿る』能登印刷出版部、一九九〇
ロバータ・B・グラッツ著、富田靱彦、宮路真知子訳、林泰義監訳『都市再生』晶文社、一九九三
『これでよいのか！教育委員会』「都市問題」公開講座ブックレット16、東京市政調査会、二〇〇九

金沢市ホームページ
金沢市観光協会ホームページ
金沢文化振興財団ホームページ

さ　行

た　行

索　引

索　引

山出 保

1931年，金沢市の小立野台に生まれる．1954年に金沢大学卒業，金沢市役所に入る．87年，金沢市助役に就任．90年，金沢市長に初当選し，5期20年在職．この間，2003年6月から全国市長会会長を2期4年つとめる．2013年，石川県中小企業団体中央会会長に就任．

2000年日本建築学会文化賞，2004年度日本都市計画学会賞石川賞，日本イコモス賞2015を受賞．2010年にフランス共和国レジオン・ドヌール勲章シュバリエ章を受章．

著書に『まちづくり都市　金沢』(岩波新書)，『金沢の気骨』(北國新聞社)がある．

金沢を歩く　　岩波新書(新赤版)1493

2014年7月18日　第1刷発行
2023年4月14日　第9刷発行

著 者　山《やま》出《で》 保《たもつ》

発行者　坂本政謙

発行所　株式会社 岩波書店
〒101-8002 東京都千代田区一ツ橋2-5-5
案内 03-5210-4000　営業部 03-5210-4111
https://www.iwanami.co.jp/

新書編集部 03-5210-4054
https://www.iwanami.co.jp/sin/

印刷製本・法令印刷　カバー・半七印刷

ISBN 978-4-00-431493-6　　Printed in Japan

岩波新書新赤版一〇〇〇点に際して

ひとつの時代が終わったと言われて久しい。だが、その先にいかなる時代を展望するのか、私たちはその輪郭すら描きえていない。二〇世紀から持ち越した課題の多くは、未だ解決の緒を見つけることのできないままであり、二一世紀が新たに招きよせた問題も少なくない。グローバル資本主義の浸透、憎悪の連鎖、暴力の応酬――世界は混沌として深い不安の只中にある。

現代社会においては変化が常態となり、速さと新しさに絶対的な価値が与えられた。消費社会の深化と情報技術の革命は、種々の境界を無くし、人々の生活やコミュニケーションの様式を根底から変容させてきた。ライフスタイルは多様化し、一面では個人の生き方をそれぞれが選びとる時代が始まっている。同時に、新たな格差が生まれ、様々な次元での亀裂や分断が深まっている。社会や歴史に対する意識が揺らぎ、普遍的な理念に対する根本的な懐疑や、現実を変えることへの無力感がひそかに根を張りつつある。そして生きることに誰もが困難を覚える時代が到来している。

しかし、日常生活のそれぞれの場で、自由と民主主義を獲得し実践することを通じて、私たち自身がそうした閉塞を乗り超え、希望の時代の幕開けを告げてゆくことは不可能ではあるまい。そのために、いま求められていること――それは、個と個の間で開かれた対話を積み重ねながら、人間らしく生きることの条件について一人ひとりが粘り強く思考することではないか。その営みの糧となるものが、教養に外ならないと私たちは考える。歴史とは何か、よく生きるとはいかなることか、世界そして人間はどこへ向かうべきなのか――こうした根源的な問いとの格闘が、文化と知の厚みを作り出し、個人と社会を支える基盤としての教養となった。まさにそのような教養への道案内こそ、岩波新書が創刊以来、追求してきたことである。

岩波新書は、日中戦争下の一九三八年一一月に赤版として創刊された。創刊の辞は、道義の精神に則らない日本の行動を憂慮し、批判的精神と良心的行動の欠如を戒めつつ、現代人の現代的教養を刊行の目的とする、と謳っている。以後、青版、黄版、新赤版と装いを改めながら、合計二五〇〇点余りを世に問うてきた。そして、いままた新赤版が一〇〇〇点を迎えたのを機に、人間の理性と良心への信頼を再確認し、それに裏打ちされた文化を培っていく決意を込めて、新しい装丁のもとに再出発したいと思う。一冊一冊から吹き出す新風が一人でも多くの読者の許に届くこと、そして希望ある時代への想像力を豊かにかき立てることを切に願う。

（二〇〇六年四月）

岩波新書より

芸術

水墨画入門　島尾　新
酒井抱一　俳諧と絵画の織りなす抒情　井田太郎
平成の藝談　歌舞伎の真髄にふれる　犬丸　治
K-POP　新感覚のメディア　金　成玟
ベラスケス　宮廷のなかの革命者　大髙保二郎
ヴェネツィア　美の都の一千年　宮下規久朗
丹下健三　戦後日本の構想者　豊川斎赫
学校で教えてくれない音楽　◆大友良英
中国絵画入門　宇佐美文理
瞽女うた　ジェラルド・グローマー
東北を聴く　佐々木幹郎
黙示録　岡田温司
ボブ・ディラン　ロックの精霊　湯浅　学
仏像の顔　清水眞澄
ヘタウマ文化論　山藤章二

小さな建築　隈　研吾
デスマスク　岡田温司
コルトレーン　ジャズの殉教者　藤岡靖洋
雅楽を聴く　寺内直子
歌謡曲　高　護
琵琶法師　兵藤裕己
歌舞伎の愉しみ方　山川静夫
自然な建築　隈　研吾
肖像写真　多木浩二
東京遺産　森まゆみ
絵のある人生　安野光雅
日本の色を染める　吉岡幸雄
プラハを歩く　田中充子
コーラスは楽しい　関屋　晋
日本絵画のあそび　榊原　悟
ぼくのマンガ人生　手塚治虫
日本の近代建築　上・下　藤森照信
ゲルニカ物語　荒井信一
千利休　無言の前衛　赤瀬川原平

やきもの文化史　三杉隆敏
色彩の科学　金子隆芳
歌右衛門の六十年　中村歌右衛門　山川静夫
フルトヴェングラー　脇　圭平　芦津丈夫
楽譜の風景　岩城宏之
明治大正の民衆娯楽　倉田喜弘
茶の文化史　村井康彦
日本の耳　小倉　朗
日本の子どもの歌　園部三郎　山住正己
二十世紀の音楽　吉田秀和
水墨画　矢代幸雄
絵を描く子供たち　北川民次
名画を見る眼　正・続　高階秀爾
ギリシアの美術　澤柳大五郎
音楽の基礎　芥川也寸志
日本刀　本間順治
日本美の再発見〔増補改訳版〕　ブルーノ・タウト　篠田英雄訳
ミケルアンジェロ　羽仁五郎

(2021.10)　◆は品切，電子書籍版あり．(R)

文学

万葉集に出会う　大谷雅夫
大岡信　架橋する詩人　大井浩一
源氏物語を読む　高木和子
『失われた時を求めて』への招待　吉川一義
三島由紀夫　悲劇への欲動　佐藤秀明
有島武郎　荒木優太
ジョージ・オーウェル　川端康雄
大岡信『折々のうた』選　詩と歌謡　蜂飼耳編
大岡信『折々のうた』選　短歌㈠・㈡　水原紫苑編
大岡信『折々のうた』選　俳句㈠・㈡　長谷川櫂編
日曜俳句入門　吉竹純
短篇小説講義〔増補版〕　筒井康隆
日本の同時代小説　斎藤美奈子
武蔵野をよむ　赤坂憲雄
中原中也　沈黙の音楽　佐々木幹郎

戦争をよむ　70冊の小説案内　中川成美
夏目漱石と西田幾多郎　小林敏明
『レ・ミゼラブル』の世界　西永良成
北原白秋　言葉の魔術師　今野真二
漱石のこころ　赤木昭夫
夏目漱石　十川信介
村上春樹は、むずかしい　加藤典洋
「私」をつくる　近代小説の試み　安藤宏
現代秀歌　永田和宏
言葉と歩く日記　多和田葉子
近代秀歌　永田和宏
杜甫　川合康三
古典力　齋藤孝
食べるギリシア人　丹下和彦
和本のすすめ　中野三敏
老いの歌　小高賢
魯迅◆　藤井省三
ラテンアメリカ十大小説　木村榮一

正岡子規　言葉と生きる　坪内稔典
ヴァレリー　清水徹
白楽天　川合康三
ぼくらの言葉塾　ねじめ正一
季語の誕生　宮坂静生
和歌とは何か　渡部泰明
小林多喜二　ノーマ・フィールド
いくさ物語の世界　日下力
漱石　母に愛されなかった子　三浦雅士
中国名文選　興膳宏
アラビアンナイト　西尾哲夫
小説の読み書き　佐藤正午
季語集◆　坪内稔典
学力を育てる　志水宏吉
森鷗外　文化の翻訳者　長島要一
英語でよむ万葉集　リービ英雄
源氏物語の世界　日向一雅
花のある暮らし　栗田勇
読書力　齋藤孝